La Casa de la Biblia

Cartas para el camino

Guía para una lectura comunitaria de Tesalonicenses y Corintios

Participante

evd

En la preparación de estos materiales han participado: Florencio Abajo, Rocío García, Jaime Vázquez, Irene Vega y Emilio Velasco, bajo la dirección y coordinación de Santiago Guijarro.

Dibujos y portada: Inmaculada Rodríguez

7ª edición

2ª reimpresión (año 2008)

Avda. de Pamplona, 41. 31200 Estella (Navarra)

ISBN 978-84-8169-386-7 (Libro del participante)
ISBN 978-84-8169-416-1 (Obra completa)

Fotocomposición: La Casa de la Biblia
García Tejado, 23-27. Salamanca
Impresión: Gráficas Lizarra, Villatuerta (Navarra)

Depósito legal: NA. 3.416-2008
Impreso en España

PRESENTACIÓN

En los últimos cuatro años hemos ido ofreciendo otras tantas guías para leer diversos libros del Nuevo Testamento. Quienes hayan utilizado o conozcan los libros de esta colección dedicados al evangelio de Marcos (1996), al libro de los Hechos (1997), al evangelio de Juan (1998) y al libro del Apocalipsis (1999), saben ya que la idea inicial de este proyecto fue ofrecer un itinerario bíblico para preparar el jubileo del año 2000.

Nuestro proyecto, que comenzó con una meta muy precisa, debía terminar con la celebración del año jubilar. Sin embargo, a lo largo de estos cuatro años, dicho proyecto se ha ido independizando de las circunstancias que le dieron origen, tanto desde el punto de vista espacial (nació como iniciativa concreta para una diócesis española) como temporal (estaba programado para tres o cuatro años). De hecho, muchos de los grupos que han utilizado estas guías en España y en países de América Latina nos han animado a continuar el camino iniciado hasta completar la lectura de todos los escritos del Nuevo Testamento. Estimulados por esta propuesta y por la acogida que han tenido las guías anteriores, hemos decidido ofrecer una nueva guía, esta vez dedicada a las primeras cartas de san Pablo.

1 ¿Por qué las cartas a los Tesalonicenses y a los Corintios?

A lo largo de los cuatro años que llevamos trabajando en este proyecto, quienes elaboramos estas guías de lectura hemos experimentado una especie de "síndrome paulino". Nos parecía, desde el principio, que una propuesta de lectura del Nuevo Testamento debía incluir necesariamente algunas de las cartas de san Pablo. Sabíamos que nuestro itinerario no era representativo si no leíamos estos escritos, los más antiguos y vigorosos de todo el Nuevo Testamento. Por eso, cuando tomamos la decisión de continuar adelante con el proyecto, no tuvimos ninguna duda de por dónde deberíamos seguir: había que leer alguna carta de Pablo.

Tampoco vacilamos acerca de las cartas que debíamos leer en primer lugar. Había que comenzar por el principio, por las cartas más antiguas, las que abordan situaciones más concretas, las menos elaboradas, aquéllas en las que la vida de las comunidades casi se toca con las manos detrás de cada párrafo (1 Tes y 1-2 Cor). Podían quedar para otra ocasión las cartas más "teológicas", aquéllas en las que Pablo expresa de forma más sistemática su pensamiento (Flp, Gál y Rom).

Así pues, decidimos comenzar por la primera carta a los Tesalonicenses, un documento de excepcional valor para el cristianismo naciente, porque es su escrito más antiguo (aprox. 50 d.C). Y junto a ella, las dos cartas a los Corintios, que testimonian la larga y accidentada relación de Pablo con una de las comunidades más florecientes de las fundadas por él. Estas tres cartas tienen muchas cosas en común, pues responden a problemas concretos y fueron escritas en fechas bastante cercanas. Al final decidimos incluir también la segunda carta a los Tesalonicenses, que con toda probabilidad es obra de un discípulo de Pablo, por su relación con la primera carta a los Tesalonicenses. Es una opción discutible, y de hecho, le hemos dedicado sólo una sesión de las quince previstas. En todo caso, incluirla aquí nos ofrecía la posibilidad de plantear en concreto el tema de la autenticidad de las cartas atribuidas a Pablo.

La lectura de estas cartas nos introducirá de lleno en los problemas concretos que se planteaban en las primeras comunidades cristianas. El encuentro con aquella experiencia nos hará pensar sobre nuestra forma de vivir la fe hoy. Unas veces encontraremos luz para iluminar situaciones que de hecho se dan entre nosotros, y otras nos saldrán al encuentro nuevas preguntas que acabarán cuestionándonos. Leyendo estas cartas de Pablo es muy difícil mantener una postura neutral. Nos veremos obligados a tomar partido, y eso será sin duda un estímulo para descubrir las raíces de nuestra vivencia personal y comunitaria de la fe.

2 Un proyecto de evangelización

El camino que proponemos se apoya en tres pilares, en tres claves de lectura, que es importante tener en cuenta antes de comenzar a caminar.

En primer lugar, sugerimos hacer este camino no en solitario, sino con otros creyentes, *en comunidad*. Esta dimensión comunitaria está especialmente presente en las cartas de Pablo, dirigidas a comunidades concretas que habían sido fundadas por él. Esta primera clave exige una actitud de apertura y sencillez, de aceptación de los demás y de entrega generosa de uno mismo.

En segundo lugar, deseamos que la lectura se haga con *actitud de fe y en clima de oración*. Queremos hacer una lectura creyente. Hay muchas maneras de leer la Biblia. Nosotros elegimos una que responde a la intención con la que san Pablo escribió estas cartas: salir al paso de los problemas que iba planteándoles la vivencia de su fe. Esta segunda clave requiere de los participantes una actitud de apertura a Dios, de fe en su capacidad de hablarnos hoy a través de su Palabra y de los acontecimientos de la vida.

Y en tercer lugar, al hacer esta lectura debemos estar *abiertos a la conversión*. Si la experiencia que san Pablo dejó reflejada en sus cartas no va cambiando nuestras vidas, si no nos dejamos interpelar y transformar por ella, entonces nuestro acercamiento a la Palabra de Dios habrá sido inútil.

Así pues, lo que proponemos es hacer una lectura comunitaria de las primeras cartas de san Pablo en clave de oración y orientada a la conversión.

3 Desarrollo de cada encuentro

Cada reunión irá precedida de una preparación personal y seguida de una reflexión para interiorizar lo descubierto en cada encuentro.

Antes de cada encuentro

Cada participante leerá los capítulos que se indican al final de la ficha de la sesión anterior con ayuda de una pregunta sencilla, que se encuentra en el apartado "Para preparar el próximo encuentro". Es muy importante que todos los miembros del grupo hagan esta lectura reposadamente y que lleven luego sus aportaciones al grupo. Si hay personas que tienen dificultades para hacerlo solas, se pueden organizar en pequeños grupos de dos o tres para hacer esta lectura. Esta forma de preparar la reunión suele ser muy enriquecedora.

En el encuentro con el resto del grupo

La reunión tendrá dos momentos: primero pondremos en común lo que hemos descubierto en la lectura personal y después nos centraremos en la lectura de un pasaje concreto. La guía de cada sesión ofrece sugerencias para estos dos momentos del encuentro.

La puesta en común ha de ser necesariamente breve. Su objetivo es ambientar la lectura del pasaje concreto, que será lo más importante.

La lectura del pasaje elegido seguirá siempre el mismo itinerario, que responde a las claves de lectura descritas más arriba. Este itinerario se inspira en la *Lectio Divina*, que es la forma más antigua de lectura creyente de la Biblia en la Iglesia. Tiene cuatro pasos, que van precedidos de una sencilla ambientación:

– *Miramos nuestra vida.* Partimos siempre de una experiencia de vida, para que todo el mundo pueda participar. Cuando se empieza a hablar de teorías, muchos quedan excluidos de la conversación. Cuando se habla de experiencias de vida, todos tienen algo que aportar.

– *Escuchamos la Palabra de Dios.* Debe hacerse con esmero y dedicación. En cada ficha ofrecemos unas preguntas, la indicación de que se consulten las notas y de que cada uno vuelva a leer personalmente el pasaje elegido. El objetivo fundamental de este segundo paso es descubrir la experiencia de fe que se encuentra reflejada en cada pasaje.

– *Volvemos sobre nuestra vida.* En este tercer momento se trata de poner en diálogo la experiencia de la que hemos hablado al principio con lo que hemos descubierto en la Palabra de Dios. Ha de ser un diálogo sincero y desde la fe.

– *Oramos.* Todos los encuentros terminarán con una breve oración relacionada con lo que hemos descubierto en el pasaje para nuestra vida.

Después del encuentro

Es conveniente que el encuentro se prolongue en una reflexión personal, en la que cada uno interiorice lo que ha descubierto en la reunión. También debe prolongarse en el compromiso que cada uno va adquiriendo.

El equipo de La Casa de la Biblia

1 NOS PONEMOS JUNTOS EN CAMINO

DESARROLLO DEL ENCUENTRO

En este primer encuentro vamos a intentar ponernos de acuerdo sobre lo que vamos a hacer en el grupo y sobre cómo lo vamos a hacer. Es importante que manifestemos al resto de los miembros del grupo y al animador lo que esperamos de estos encuentros, pues vamos a emprender un camino juntos, y será más fácil llegar a la meta si desde el comienzo hemos marcado claramente nuestros objetivos.

Seguiremos los siguientes pasos:

• Saludo de bienvenida (de parte del animador) y presentación de los participantes.

• Decidimos juntos lo que vamos a hacer. Para ello es necesario que cada uno diga lo que espera encontrar en este grupo y que todos intentemos comprender el objetivo que el animador nos propone de parte de la parroquia o del grupo que convoca.

- Nos ponemos de acuerdo en cómo lo vamos a hacer, escuchando atentamente la explicación del animador.
- Acordamos el lugar, la hora y la frecuencia de nuestros encuentros.
- Explicamos la tarea para la próxima reunión.

PARA PREPARAR EL PRÓXIMO ENCUENTRO

En nuestro próximo encuentro vamos a comenzar a leer la primera carta a los Tesalonicenses, la primera que escribió san Pablo. Para preparar dicho encuentro leeremos detenidamente 1 Tes 1-3. En estos capítulos, Pablo da gracias a los cristianos de Tesalónica por su fidelidad al Evangelio y por haberse convertido en modelo y ejemplo para las demás comunidades cristianas. Mientras los leemos, intentaremos responder a esta pregunta:

¿Cuáles son las razones por las que Pablo da gracias a los tesalonicenses?

2 UNA COMUNIDAD EJEMPLAR

LECTURA CONTINUADA

Puesta en común sobre 1 Tes 1-3

En estos capítulos se anuncian las esperanzas de Pablo para sus comunidades y se presenta la alegría del apóstol por el buen momento que está viviendo la iglesia de Tesalónica. Estos capítulos están estructurados según el esquema propio de las cartas: saludo, acción de gracias, recuerdo del pasado, estado actual de la comunidad... Este esquema se repetirá en otras ocasiones y será una de las características de la literatura del apóstol.

Al leer esta sección nos habíamos propuesto contestar a la siguiente pregunta: *¿Cuáles son las razones por las que Pablo da gracias a los tesalonicenses?*

GUÍA DE LECTURA

"Habéis llegado a ser modelo para todos"

Antes de comenzar buscamos **1 Tes 1,1-10**

➤ Ambientación

Nos estamos acercando al escrito cristiano más antiguo. A través de esta sencilla carta, Pablo y sus colaboradores se dirigen a una comunidad cristiana ejemplar. Esta carta fue escrita a la iglesia de Tesalónica, pero es muy probable que fuera leída también por otras comunidades cristianas de la época que buscaban imitar las virtudes que Pablo alaba en estos cristianos.

➤ Miramos nuestra vida

Sabemos que no es fácil ser ejemplo para los demás. La sociedad y los medios de comunicación nos proponen modelos que poco o nada tienen que ver con el camino de nuestra fe y que, lejos de ayudarnos a seguir a Jesús, se convierten en obstáculos o barreras que nos impiden vivir los valores del Evangelio. Sin embargo, hay también en medio de nosotros personas o grupos que permanecen fieles al mensaje de Jesús y que son, por tanto, un modelo a seguir. Vamos a intentar descubrir juntos a estas personas o grupos, preguntándonos:

– *¿Qué personas o grupos te han ofrecido un modelo a imitar por su actitud ante la vida?*

– *¿Qué personas o grupos te parecen ejemplares por su forma de vivir la fe?*

➤ Escuchamos la Palabra de Dios

Entre los primeros cristianos también hubo modelos de vida comunitaria. Pablo presenta a la comunidad de Tesalónica como ejemplo a imitar por la comunión de vida que había en su interior.

• Hacemos un momento de silencio. Invocamos la ayuda del Espíritu Santo para acoger dentro de nosotros su Palabra.

• Alguien lee en voz alta, de forma pausada y con claridad 1 Tes 1,1-10.

• Una vez leído el pasaje nos disponemos a reflexionar sobre su contenido y el mensaje que el apóstol quiere transmitir. Lo hacemos de forma individual, consultando las notas de nuestra Biblia.

• A continuación respondemos entre todos a las siguientes preguntas:

- Fíjate en el encabezamiento de la carta (1 Tes 1,1): *¿Quiénes son los remitentes? ¿Quiénes son los destinatarios y con qué fórmula son saludados?*
- *¿Qué recuerdos tiene Pablo de los cristianos de la comunidad de Tesalónica y del tiempo que estuvo entre ellos?*
- *¿Cómo acogieron los tesalonicenses la predicación del Evangelio?*
- *¿Por qué se convirtieron en modelo y ejemplo para las otras comunidades cristianas?*

➤ Volvemos sobre nuestra vida

Pablo se pasa más de la mitad de la carta dando gracias a Dios por la comunidad de Tesalónica y por el estilo de vida que la convirtió en modelo y ejemplo para otros cristianos. En nuestras vidas ha habido, sin duda, personas y grupos que nos han servido de modelo en los momentos más decisivos. Sobre éstos hemos reflexionado antes. Ahora podemos dar un paso más y preguntarnos cómo podemos ser nosotros un ejemplo para otros:

- *¿Crees que eres un modelo de fe para las personas que te rodean?*
- *¿Qué actitudes deberíamos cultivar como grupo para llegar a ser un ejemplo en nuestra manera de vivir la fe?*

➤ Oramos

La experiencia de fe de la comunidad de Tesalónica y la gratitud de Pablo hacia aquellos cristianos pueden inspirar hoy nuestra oración.

• Preparamos un sobre y una tarjeta para cada miembro del grupo y se lo entregamos en este momento.

• Cada uno escribe una oración de agradecimiento por el ejemplo de vida de su comunidad y por todo lo positivo que de ella ha recibido.

• Se introduce la oración en el sobre, sin firmar, y tras la lectura del texto de 1 Tes 1,1-10 uno lee las cartas de agradecimiento que cada uno ha escrito de forma anónima.

• Terminamos con el canto *¡Qué bien todos unidos!*

PARA PROFUNDIZAR

Entrevista a Pablo, el escritor

Saulo de Tarso, un personaje polémico y original, que con el tiempo llegará a ser conocido por su nombre romano, Pablo, fue uno de los primeros escritores cristianos. Escribió sobre todo cartas, y lo hizo urgido por las circunstancias. Precisamente la cercanía y transparencia con que se expresa en esas cartas es lo que nos ha permitido hacerle esta entrevista "a distancia".

Pablo, ¿te sientes realmente un escritor?

No me gusta que se me defina así. Soy misionero por vocación y escritor por necesidad. Me explico. Jesús resucitado encomendó a sus discípulos la tarea de anunciar el Evangelio por todo el mundo (Mc 16,16; Mt 28,19-20). Yo, como apóstol, no fui una excepción. Sobre todo me considero un hombre de acción, un pregonero de la Buena Noticia. Seducido y alcanzado por Cristo, intenté predicar el Evangelio en todas partes, y "*¡pobre de mí si no evangelizara!*" (1 Cor 9,16). Pero no siempre pude permanecer con mis comunidades todo el tiempo que hubiera deseado. Así que, forzado por las circunstancias, me convertí en escritor por necesidad.

¿Puedes contarnos lo que pasó?

El invierno del año 49-50 fui a Tesalónica a predicar el Evangelio. Un año más tarde, estando en Corinto, me llegaron ecos de que entre esos cristianos estaban surgiendo dificultades. Ante la imposibilidad de visitarlos personalmente, decidí escribirles.

¿Fue ésta la única carta que escribiste?

No. Otras cartas vieron la luz con ocasión de situaciones particularmente delicadas por las que atravesaban algunas comunidades. Es el caso de las cartas a los Corintios, o de la crisis por la que estaba pasando la iglesia de Galacia. También tuve que escribir a Filemón y a la comunidad de Filipos. Pero la carta más extensa es la que escribí a los cristianos de Roma, comunidad que yo no fundé. Pretendía con ello poner por escrito una reflexión calmada sobre el mensaje cristiano. Dirigiéndosela a ellos buscaba también confortarnos en la fe común (Rom 1,12).

¿Qué te movió a escribir estas cartas?

Sobre todo, la responsabilidad sobre las comunidades cristianas que había evangelizado. Quise seguir siendo para ellas "como una madre" y "como un padre" (1 Tes 2,7-11) que, a pesar de la distancia, acompaña en la fe (1 Tes 1,9). Por eso mis expresiones son unas veces cálidas y tiernas (Flp 1,8), otras firmes y penetrantes (Gál 3,1-3). Nunca pretendí una prosa brillante y cautivadora. Las palabras brotaban con libertad y energía de mi corazón y de mi experiencia para lograr de los destinatarios la firme adhesión a Cristo.

¿Escribías tú mismo las cartas?

En mi época no existía aún el papel. Normalmente se escribía en hojas de papiro, elaboradas con una especie de junco que crecía sobre todo en las orillas del río Nilo. Pero era un material muy frágil y la escritura en ellos constituía todo un arte, de ahí que con frecuencia se recurriera a escribas de profesión, a quienes se dictaba. Esto lo hice con la carta a los Romanos. Tercio, la persona que la escribió, se da a conocer al final de la misma (Rom 16,22). Pero otras cartas las escribí yo mismo, como por ejemplo la carta a Filemón. A veces, según la costumbre de la época, también utilicé los servicios de un secretario amigo, al que comuniqué las ideas que quería transmitir, pero era él quien redactaba la epístola.

Acabas de llamar a tus cartas con un término nuevo para nosotros: "epístolas". ¿Puedes aclararnos qué significa?

No creo que sea tan nuevo. También vosotros habláis unas veces de las "cartas de Pablo", y otras, de las "epístolas de Pablo". La carta es algo más personal, tiene un destinatario concreto, normalmente conocido, y está motivada por una situación particular. La epístola, sin embargo, es más una obra literaria en forma de carta. Tiene un público más amplio y busca comunicar una idea o una postura. Mis escritos se acercan más a la carta, pero también tienen puntos de contacto con la epístola.

¿Tienen tus cartas una estructura más o menos fija?

Desde el punto de vista literario, todas constan de tres partes: encabezamiento, cuerpo y conclusión. En el encabezamiento, además de presentarme junto a los compañeros que están evangelizando conmigo y saludar a los destinatarios, hago una pequeña oración, acción de gracias, o bien expreso un deseo. Es una forma de entrar en cuestión. Luego viene el cuerpo de la carta. Si recogéis esta parte de todas ellas, encontraréis elementos autobiográficos, exhortaciones, doctrina... Reservo la conclusión para algunos consejos particulares, saludos de determinadas personas (Rom 16,21-23) y mi despedida personal.

Agradecemos a Pablo su forma de implicarse personalmente en las cartas que escribió, porque ello nos ha permitido acercarnos a esta faceta suya de escritor. Sin duda que será de gran provecho para adentrarnos en la lectura de dichas cartas que ahora comenzamos.

PARA PREPARAR EL PRÓXIMO ENCUENTRO

Para preparar nuestra próxima reunión vamos a leer detenidamente 1 Tes 4-5. En esta parte final de la carta el apóstol recuerda a los tesalonicenses que no pueden separar su fe de su vida. El telón de fondo en estas exhortaciones es el acontecimiento decisivo de la venida gloriosa del Señor. Mientras leemos estos capítulos, intentaremos responder a esta pregunta:

¿Qué indicaciones da Pablo a los cristianos de Tesalónica para que preparen la venida de Jesucristo?

NOTAS

3 ¿QUÉ HAY DESPUÉS DE ESTA VIDA?

LECTURA CONTINUADA

Puesta en común sobre 1 Tes 4-5

En estos dos capítulos Pablo invita a todos los cristianos de la comunidad a vivir en amor fraterno. En medio de este escenario presenta el tema de la suerte de los difuntos y la cuestión de la segunda venida del Señor de manera inminente y sin previo aviso. El apóstol termina su carta con dos consejos prácticos: la invitación a permanecer vigilantes y la preparación para el momento de la venida de Jesucristo.

Al leer esta sección nos habíamos propuesto dar respuesta a la siguiente pregunta: *¿Qué indicaciones da Pablo a los cristianos de Tesalónica para que preparen la venida de Jesucristo?*

GUÍA DE LECTURA

"Estaremos siempre con el Señor"

Antes de comenzar preparamos **1 Tes 4,13-18**

➤ Ambientación

En el encuentro anterior comenzábamos a leer la primera carta que Pablo escribe a los cristianos de Tesalónica. Recordemos que es el primer escrito de Pablo y que se dirige a una iglesia fundada pocos años después de la muerte y resurrección de Jesús. La esperanza de su pronto retorno como salvador de todos los creyentes llevó a la comunidad a preguntarse por la suerte de los difuntos.

➤ Miramos nuestra vida

Los seres humanos estamos creados para la vida. Sin embargo, desde que venimos a este mundo, caminamos hacia la muerte. Con todo, hay algo en nuestro interior que no se resigna a desaparecer. Tal vez por eso, una de las preguntas que más se hace el ser humano es la del más allá: "Y después de la muerte, ¿qué?". Ante ella sólo caben dos actitudes: la de quienes piensan que después no hay nada y la de quienes mantienen la esperanza de algo, aunque no sepan cómo llamarlo: reencarnación, formar parte del cosmos como materia espiritual, resurrección...

– *¿Qué opina la gente que conoces sobre el tema del más allá? ¿Su actitud es de esperanza o desesperanza? Y tú, ¿qué piensas?*

➤ Escuchamos la Palabra de Dios

La postura de la comunidad de Tesalónica era la esperanza. Estaban convencidos de que Jesús volvería para hacerles partícipes de su resurrección. Pero también tenían dudas. Pablo intenta tranquilizarles dejando claro lo fundamental de la esperanza cristiana.

• Nos preparamos con un momento de silencio. Invocamos al Espíritu Santo.

• Alguien proclama en voz alta 1 Tes 4,13-18.

• Reflexionamos sobre su contenido. Pueden ayudarnos las notas de la Biblia.

• A continuación respondemos entre todos a las siguientes preguntas:

- *¿Qué problema afligía a los tesalonicenses según este pasaje?*
- *¿Con qué actitudes invita Pablo a enfrentarse a la muerte?*
- *¿Quién o qué sostiene la esperanza de los tesalonicenses?*
- *¿Qué imágenes utiliza el apóstol para hablar de la resurrección? ¿Por qué les habla así?*
- *¿Cuál es el mensaje fundamental de este pasaje? ¿En qué frase del mismo está expresado?*

➤ Volvemos sobre nuestra vida

Pablo trata de expresar con imágenes propias de su época la esperanza de los cristianos: los hermanos que nos han precedido y ya han dejado este mundo se encuentran juntos en el Señor. Frente a las diversas respuestas que se ofrecen en nuestra sociedad, nuestra fe nos propone esta visión de lo que nos aguarda después de la muerte. Esta esperanza nos alienta en el seguimiento de Cristo..

– Pablo habló de la resurrección en el lenguaje de su tiempo. ¿Cómo expresarías tu fe en la resurrección, el "estar con el Señor"?

– ¿De qué modo nos ayuda esta fe a vivir cada día? ¿A qué nos compromete?

➤ Oramos

A continuación, y en forma de oración, vamos a recordar ante el Padre a los seres queridos que nos han precedido y a los que hemos estado más vinculados en determinados momentos de nuestra historia personal.

• Para ambientarnos, cada uno escribe en un pequeño papel el nombre de tres o cuatro personas ya fallecidas que quiera recordar en la oración.

• Escuchamos una música de fondo suave.

• Alguien recoge los nombres escritos por todos los participantes y los va leyendo pausadamente en medio del sonido de la música de fondo.

• Al mismo tiempo, otra persona va encendiendo una vela a medida que se van pronunciando los nombres de los seres difuntos.

• Terminamos con el canto *Resucitó, ¡Aleluya!*, con el convencimiento de que la llama que representa a cada nombre es el reflejo de la luz de su resurrección en Cristo.

PARA PROFUNDIZAR

Pablo, de fariseo a apóstol

Las cartas que escribió el propio san Pablo y el libro de los Hechos de los Apóstoles nos ofrecen numerosos datos acerca de su vida. Es cierto que ninguna de estas dos obras tiene como finalidad ofrecernos una biografía suya, y que a veces estas dos fuentes no coinciden. A pesar de ello, tenemos datos suficientes para hacernos una idea bastante precisa de su vida y de su itinerario personal.

El judío Pablo

Como él mismo confiesa, Pablo nació en Tarso de Cilicia, una ciudad próspera en la que había una importante colonia judía. Nació y vivió en una familia de fariseos y como tal fue educado. Sin embargo, creció en un ambiente griego y tuvo ocasión de conocer el pensamiento y el modo de vida helenísticos. Pertenecía a una familia de artesanos y lo más probable es que aprendiera de su padre la profesión de tejedor.

Según el testimonio de los Hechos de los Apóstoles, Pablo fue a Jerusalén como discípulo del prestigioso rabino Gamaliel, que lo convirtió en un auténtico observante y defensor de la Ley (Hch 22,3). En torno a los dieciocho o veinte años, regresó a Tarso y allí permaneció un tiempo, tal vez como maestro de la Ley. Sin embargo, unos años después, cuando contaba ya con unos treinta, lo encontramos nuevamente en Jerusalén presenciando y actuando como testigo en el proceso contra Esteban (Hch 6,8-8,4). Cabe la posibilidad, por tanto, de que Pablo hubiese sido llamado para impartir sus enseñanzas en alguna escuela de Jerusalén o, simplemente, le hubiesen encargado enfrentarse y perseguir a los discípulos de Jesús. En realidad, parece que Pablo estaba convencido de que por fidelidad a su fe judía debía perseguir a los partidarios del cristianismo naciente.

El Pablo cristiano

Tras la lapidación de Esteban, Pablo se dedicó a perseguir a los cristianos. Su afán por erradicar el mensaje de Jesús y su difusión le llevaron a organizar en torno al año 35 d.C. un viaje a Damasco para eliminar de allí cualquier vestigio cristiano. En el camino a Damasco se produjo su conversión tras un encuentro con Jesús resucitado. Pablo se encontró entonces con los cristianos de Damasco y, gracias a su testimonio, pasó de ser el gran perseguidor a ser el gran propagador de la fe cristiana. Esta conversión hizo que aquel hombre dedicara toda su vida a predicar el mensaje de Jesús y a fundar comunidades en todos los lugares por donde iba. Tras unos años de formación cristiana, comenzó su andadura por el Mediterráneo animando e impulsando el nacimiento de nuevas comunidades cristianas. Su incansable actividad misionera le costará la cárcel en varias ocasiones –Cesarea, Roma, Filipos, Éfeso y Jerusalén–, la persecución y el sufrimiento que lo acompañarán hasta su muerte.

El carácter de Pablo

Pablo es de esas personas ante las que uno no queda indiferente. Es un personaje que suscita contradicciones. Su carácter debió de ser apasionado y temperamental, poco dado a medias tintas y componendas. Su personalidad debió de caracterizarse por los grandes cambios de carácter, pasando de la ternura (1 Tes 2,7) al enfado y la grosería (Gál 5,12) o la amenaza (1 Cor 4,21). Fue la suya una personalidad fuerte, que pasaba de un extremo a otro y llegaba a parecer, en algunos momentos, hasta violento (Hch 15,37-39; Gál 2,11-14). Sin embargo, al mismo tiempo, era capaz de reconocer sus debilidades y ser consciente de sus limitaciones (2 Cor 11,30; 12,9). Físicamente no debía de ser demasiado atractivo por lo que deducimos de sus propias palabras: "Porque las cartas –dicen algunos– son severas y fuertes, pero en persona es poca cosa y su palabra despreciable" (2 Cor 10,10).

La vida de Pablo es una experiencia de conversión y de fe. Su formación, cultura y sabiduría no le sirvieron en los momentos más importantes de su vida. Fue la conversión, camino de Damasco, la que hizo de él, desde la sencillez, un hombre que decidió dejarlo todo por el mensaje de Jesús y dar un giro a su vida. Su figura sólo puede entenderse a partir de esta experiencia camino de Damasco. Captado hasta lo más profundo por la revelación de Cristo (Gál 1,15; 2,20; Flp 3,12), se convirtió en *servidor de Jesucristo*, tal y como él se define (Rom 1,1; Gál 1,1). Su conducta ante los demás quedó determinada por esta experiencia de encuentro con el Resucitado (1 Cor 9,22). Para Pablo esta revelación era la garantía de que su apostolado equivalía al de los apóstoles más antiguos que conocieron y vivieron con Jesús (2 Cor 10-13). La biografía de este hombre ha sido y es un modelo de conversión y de opción comprometida.

PARA PREPARAR EL PRÓXIMO ENCUENTRO

Para preparar el próximo encuentro leeremos la segunda carta a los Tesalonicenses (2 Tes). En este documento el autor corrige las expectativas de la comunidad sobre la inminente venida del Señor. A medida que la vayamos leyendo, intentaremos dar respuesta a esta pregunta:

¿Cuáles son las actitudes que han de tener los tesalonicenses ante la venida del Señor?

NOTAS

4 TRABAJAD EN PAZ

LECTURA CONTINUADA

Puesta en común sobre 2 Tes 1-3

Los tres capítulos que forman la carta tienen un argumento común que nos acerca al debate sobre la venida del Señor como juez justo al final de los tiempos, el instante y las características de esta nueva llegada y las actitudes ante este gran acontecimiento. El escrito refleja cierta tensión ante la inminente aparición gloriosa de Cristo. El autor advierte sobre las falsas interpretaciones que estaban surgiendo de eludir las obligaciones y compromisos presentes. Es cierto que Jesucristo vendrá nuevamente, y con Él, el fin de los tiempos, pero mientras tanto no se puede renunciar al trabajo y al esfuerzo.

Al leer esta carta nos habíamos propuesto contestar a la siguiente pregunta: *¿Cuáles son las actitudes que han de tener los tesalonicenses ante la venida del Señor?*

GUÍA DE LECTURA

"El que no quiera trabajar que no coma"

Antes de comenzar buscamos **2 Tes 3,6-15**

➤ **Ambientación**

En el encuentro anterior concluíamos la lectura de la primera carta a los Tesalonicenses y veíamos el ambiente que se vivía en la comunidad ante la inminente llegada del final de los tiempos y de la nueva venida de Jesucristo. En el de hoy vamos a ver cómo vivió esta espera la iglesia de Tesalónica algunos años más tarde y cómo la presencia de falsas ideologías llevó a algunos cristianos de esa comunidad a abandonar sus obligaciones para dedicarse a vivir ociosamente.

➤ **Miramos nuestra vida**

Todos hemos sentido alguna vez el trabajo como una obligación que se nos impone o, peor incluso, como una maldición de Dios. Algunas veces una visión espiritualista de la vida cristiana nos ha llevado a desentendernos del mundo. ¿Para qué trabajar por este mundo, si todo va a pasar? Vamos a reflexionar juntos un momento sobre estas posturas que se dan o se han dado entre nosotros:

– *¿Qué sentido das al trabajo que realizas?*

– *¿Eres consciente de que tu trabajo es una aportación que beneficia a los demás?*

➤ **Escuchamos la Palabra de Dios**

Pablo recuerda que durante el tiempo que permaneció en la comunidad de Tesalónica no resultó gravoso a nadie. Al contrario, con su trabajo contribuyó al crecimiento y desarrollo de la comunidad. Su opción por anunciar el mensaje de Jesús y la promoción de nuevas comunidades cristianas en ningún momento fue una disculpa para dejar de lado otras obligaciones personales o para justificar una negativa a trabajar.

• Nos disponemos a escuchar la Palabra de Dios en silencio mientras alguien lee en voz alta el texto de 2 Tes 3,6-15.

• Una vez leído el texto, reflexionamos sobre su contenido y lo que el apóstol quiere transmitir. Lo hacemos de forma individual. Consultamos las notas de nuestra Biblia, que nos ayudarán a comprender mejor el contenido del pasaje.

• A continuación respondemos entre todos a las siguientes preguntas:

–*¿Por qué se empeñó Pablo en trabajar durante su estancia en la comunidad?*

– *¿Qué propone el texto que hay que hacer con los que no obedecen las normas sobre el trabajo dadas en la carta?*

– *¿Qué instrucciones da el apóstol con respecto al trabajo?*

– *¿Por qué algunos tesalonicenses se negaban a trabajar?*

➤ Volvemos sobre nuestra vida

A estas alturas de la historia sabemos que la segunda venida del Señor es algo que escapa a nuestros cálculos. Mientras esperamos ese momento, tenemos que contribuir al crecimiento y desarrollo de nuestra comunidad y de nuestra sociedad. Para un cristiano, el trabajo es, ante todo, una forma de servicio a los demás:

– *¿De qué manera te puede ayudar el ejemplo de Pablo a comprender mejor el valor del trabajo?*

– *¿Con qué actitudes debería ejercer su trabajo un seguidor de Jesús?*

– *¿Qué debería motivar el trabajo de un cristiano?*

➤ Oramos

Agradecemos a Dios nuestro puesto de trabajo y le pedimos por todos los que permanecen parados sin poder trabajar, discriminados por la sociedad y marginados por las estructuras que nosotros mismos creamos. Le pedimos, también, por la búsqueda de una justicia salarial y por la igualdad laboral entre hombres y mujeres.

• Volvemos a leer nuevamente el texto de 2 Tes 3,6-15.

• Cada uno en voz alta manifiesta lo que le sugiere la situación laboral que está viviendo en ese momento, destacando los elementos negativos más importantes y comparándolos con los más positivos en un juego de luces y sombras.

• Terminamos con el canto *Mirad al suelo.*

PARA PROFUNDIZAR

Las cartas de los discípulos de Pablo

La mayor parte de los escritos del Nuevo Testamento son cartas (veintiún escritos de veintisiete). Cada una de ellas tiene sus propias características, estilo y contenido, lo que, desde la antigüedad, llevó a los cristianos a distinguir entre las cartas paulinas (Romanos, Corintios, Tesalonicenses...) y las de otros autores (Santiago, Pedro, Judas, Juan...).

Pablo y su herencia

Las cartas atribuidas a Pablo son en total catorce y forman el llamado *corpus paulinum.* Sin embargo, sabemos que no todas ellas fueron escritas por el apóstol. Algunas son obra de discípulos y seguidores suyos que tomaron su nombre para colocar sus escritos bajo la autoridad de su maestro. Por tanto, podemos hablar de cartas propiamente paulinas, escritas por mano del apóstol, y de cartas deuteropaulinas, atribuidas a Pablo, aunque en realidad fueron escritas por discípulos suyos.

De las catorce cartas que han llegado hasta nosotros, siete son consideradas obra del apóstol: Romanos, 1 y 2 Corintios, Gálatas, Filipenses, 1 Tesalonicenses y Filemón. El resto fueron escritas por sus discípulos después de su muerte: Efesios, Colosenses, 2 Tesalonicenses, 1 y 2 Timoteo, Tito y Hebreos.

Los discípulos de Pablo, ante nuevas situaciones

El hecho de que estas cartas no fueran escritas por Pablo no quiere decir que sean menos importantes. La Iglesia las ha reconocido como escritos inspirados y se las ha atribuido durante siglos al mismo Pablo. Esto significa que en ellas encontramos los ecos de la enseñanza del apóstol y, lo que es más interesante, una respuesta cristiana inspirada en su mensaje ante nuevas situaciones que requerían una iluminación.

En realidad, las cartas de los discípulos de Pablo son bastante diferentes entre sí por lo que se refiere a su temática, lo cual indica que las situaciones a las que responden eran diversas. La mayor parte de ellas se dirigen a comunidades cristianas de Asia Menor y Grecia, y fueron escritas en el último tercio del siglo I. Se trata de comunidades fundadas por Pablo, que ahora se encuentran con nuevos problemas a los que tienen que responder. Entre ellas hay dos grupos que poseen una cierta unidad: por un lado, las cartas a los Colosenses y a los Efesios, y por otro, las llamadas Cartas Pastorales.

Las cartas a los Efesios y a los Colosenses

Ambas cartas contienen referencias a una supuesta prisión de Pablo, que es en realidad un recurso para situarlas en la vida del apóstol. Ambas coinciden en el estilo literario, en los temas y hasta en la expresiones.

La problemática que abordan es muy diferente de la que encontramos en las cartas de Pablo. Con el paso del tiempo las comunidades cristianas asentadas en Éfeso y Colosas habían llegado a un cierto complejo de inferioridad. No sabían cómo responder ante las elevadas especulaciones de los filósofos, que hablaban sobre el origen del mundo y las fuerzas que lo gobiernan. Por eso el autor de estas cartas –probablemente el mismo– les presenta a Cristo como el primogénito de toda criatura, por quien fueron creadas todas las cosas. Éste es el mensaje de los himnos de ambas cartas (Ef 1,3-14; Col 1,15-18), que son el corazón de las mismas.

Es interesante observar cómo ante las nuevas preguntas que se planteaban a los cristianos de Asia Menor, un discípulo de Pablo sabe desarrollar su doctrina sobre la primacía de Cristo y estimular así a las comunidades para que sigan profundizando en el designio de Dios.

Las Cartas Pastorales

Las cartas a Timoteo (1 y 2) y a Tito reciben el nombre de Cartas Pastorales por su interés en plantear y regular la vida y la pastoral de las comunidades a través de normas encaminadas al buen funcionamiento de la vida de las iglesias.

La problemática de estas cartas es muy diferente a la que reflejan Efesios y Colosenses. En las Cartas Pastorales nos encontramos con unas comunidades preocupadas por su organización interna y por la opinión de los que no son cristianos. En ellas se habla sobre todo del ministerio, su regulación y sus obligaciones, y abundan las normas sobre cómo comportarse para causar buena impresión a los de fuera. Se trata de comunidades que se han insertado en el mundo y han aceptado sus estructuras básicas (la casa y la ciudad) como camino para hacer presente el mensaje del Evangelio. En ellas se vivía lo que se ha llamado el "patriarcalismo del amor", es decir, una aceptación de las estructuras patriarcales, que daban gran autoridad al cabeza de familia, mitigando esta autoridad con el precepto del amor.

Este patriarcalismo teñido de amor hizo posible la inserción del mensaje cristiano en el mundo. Pero para ello fue necesario renunciar en parte a la carga contracultural de la predicación de Pablo. Por eso, estas cartas, como los demás escritos del Nuevo Testamento, no pueden leerse aisladamente, sino teniendo en cuenta el conjunto de sus escritos, en los que aparecen otras formas de encarnar el mensaje cristiano.

PARA PREPARAR EL PRÓXIMO ENCUENTRO

Para preparar la próxima reunión vamos a comenzar a leer la primera carta a los Corintios. En los cuatro primeros capítulos Pablo menciona de paso algunos datos de la vida de aquella comunidad. Lee 1 Cor 1-4 e intenta responder a esta pregunta:

¿Qué se dice en estos capítulos sobre los cristianos de Corinto?

NOTAS

5 LA LOCURA DEL MENSAJE EVANGÉLICO

LECTURA CONTINUADA

Puesta en común sobre 1 Cor 1-4

Tras los saludos iniciales, Pablo aborda uno de los problemas que se habían planteado entre aquellos cristianos: el de la división en bandos, cada uno de ellos con su propio guía (1 Cor 1,10-13; 3,3-4). Pablo advierte que entre los cristianos existe un único Señor, Jesucristo, y que por tanto estas divisiones son contrarias al espíritu cristiano.

A medida que aborda el tema de las divisiones en la comunidad, el apóstol va señalando algunos de los rasgos que la caracterizaban. Para preparar este encuentro, nos propusimos fijarnos en ellos mientras leíamos los cuatro primeros capítulos de la carta. La pregunta que debía orientar nuestra lectura era ésta: *¿Qué se dice en estos capítulos sobre los cristianos de Corinto?*

Vamos a compartir lo que hemos descubierto.

GUÍA DE LECTURA

"Cristo crucificado es fuerza y sabiduría de Dios"

Antes de comenzar buscamos **1 Cor 1,18-25**

➤ Ambientación

Después de haber leído y meditado la primera y la segunda carta a los Tesalonicenses en nuestras reuniones anteriores, no nos será difícil conectar con un nuevo escrito de Pablo. Esta vez se dirige a la comunidad de Corinto. La carta no tiene un tema central que le sirva de hilo conductor. Entre el primer tema, la salvación por la cruz, y el último, la salvación por la resurrección, el apóstol va ofreciendo solución a algunas cuestiones planteadas en la comunidad. En esta reunión vamos a fijarnos en la enseñanza que Pablo ofrece sobre la cruz de Jesús y el cambio de valores que este acontecimiento supone para los que creemos en Él.

➤ Miramos nuestra vida

Basta con echar una mirada a nuestro entorno para darnos cuenta de que el lenguaje que mejor entiende la sociedad en la que vivimos es el del dinero y el del éxito. Con ello está manifestando que sus valores preferidos son el tener por encima del ser; el triunfar, aunque sea a costa de pisar a otros; la fama, obtenida a cualquier precio...

– *Según tu opinión, ¿qué cosas se valoran más en el mundo en que vivimos?*

– *¿Crees que estos valores pueden ser aceptables para un cristiano? ¿Por qué?*

➤ Escuchamos la Palabra de Dios

La sociedad corintia del siglo I se parecía bastante a la nuestra. Estaba montada sobre unos valores que no podía admitir un cristiano y que, además, estaban influyendo negativamente en la comunidad fundada por Pablo. El apóstol es muy claro: Dios, en Cristo, ha hablado un lenguaje totalmente distinto al nuestro. Ha invertido nuestra escala de valores.

• Para acoger la Palabra de Dios, vamos a prepararnos con unos instantes de silencio.

• Proclamación de 1 Cor 1,18-25.

• Volvemos a leer individualmente el pasaje. Para comprenderlo mejor, pueden ayudarnos las notas de la Biblia.

• Después, tratamos de responder juntos a estas preguntas:

– *Según Pablo, ¿aceptan el lenguaje de la cruz todas las personas? ¿Quiénes lo comprenden y quiénes no? ¿Cómo lo entiende cada uno?*
– *¿Ve Dios las cosas como los sabios y entendidos de este mundo? ¿Por qué? ¿De parte de quién está Dios?*
– *El apóstol utiliza palabras contradictorias para exponer el mensaje de la cruz. ¿Podríais señalarlas y explicar qué quiere decir con ellas?*
– *¿Hay alguna relación entre esta enseñanza de Pablo y la situación que vivía la comunidad de Corinto? (Lee 1 Cor 1,26-28; 11,20-21).*

➤ Volvemos sobre nuestra vida

Dios habla un lenguaje diferente al nuestro. No le importan el dinero, ni los títulos de poder, ni el éxito que tanto valora nuestra sociedad. Apuesta por el sentido de la esperanza contra toda esperanza, por el valor de la entrega generosa y no calculadora, por el servicio humilde y desinteresado... Su escala de valores nos la ha mostrado en Jesús crucificado, y nos invita a cambiar los nuestros hasta llegar a transformar, desde ellos, nuestra sociedad. Seguirle se convierte así en escándalo y locura para quienes piensan de otra manera.

– *¿Qué valores han cambiado en mi vida desde que acepté seguir a Cristo muerto y resucitado?*

– *¿Cómo manifestamos con nuestro modo de actuar que la verdadera fuerza y sabiduría se encuentran en el Crucificado y no en los valores de este mundo?*

➤ Oramos

Para comprender y vivir que la auténtica fuerza y la sabiduría se hallan en la debilidad de la cruz, necesitamos acudir a Dios. Sólo él puede darnos la gracia de sumergirnos en esta locura que salva.

• Nuestra oración de hoy puede estar presidida por un crucifijo. Ante él vamos a hacer dos gestos: uno, rasgar una hoja en la que hemos escrito un valor de la sociedad que no concuerda con el mensaje de Jesús. Con él simbolizamos el deseo de romper con esa actitud. El segundo gesto es el contrario: consiste en escribir, en otra hoja, un valor que deseamos hacer nuestro porque nos encaminará a la sabiduría sobre la que hemos reflexionado. Lo colocamos junto a la cruz.

• Cada uno de estos gestos puede ir acompañado de una breve oración de la persona que lo realiza.

• Terminamos cantando *Victoria, tú reinarás.*

PARA PROFUNDIZAR

Corinto. La ciudad y su evangelización

El cristianismo de los primeros tiempos fue fundamentalmente urbano. Esto quiere decir que tuvo mayor expansión y acogida en las ciudades que en los pueblos. Los misioneros cristianos comprendieron enseguida que las ciudades constituían el entramado más sólido del imperio. A través de ellas se difundía la cultura y las ideas y, por tanto, eran un vehículo ideal para propagar el mensaje de Jesús. Corinto era una de las principales ciudades de todo el Imperio debido a su posición estratégica y a que era la capital de una provincia romana.

La ciudad de Corinto

Geográficamente Corinto estaba ubicada en una posición privilegiada para ser centro de comunicaciones. Situada en el canal terrestre que lleva su nombre, unía por tierra la península del Peloponeso con el resto de la Grecia continental. Los barcos eran arrastrados por tierra a través del canal, pasando así del mar Adriático al Egeo sin tener que rodear la difícil costa peninsular. Políticamente era la capital de la provincia romana de Acaya y el lugar de residencia de su procónsul (Hch 18,12). Además, su industria era conocida por el bronce, la cerámica y los tejidos de alfombras.

La fama, la riqueza y la centralidad de Corinto no tardaron en atraer a forasteros seducidos por los juegos deportivos anuales en honor a Poseidón (1 Cor 9,24-27) y el santuario de Afrodita, donde se ejerció tradicionalmente la prostitución sagrada (1 Cor 6,12-20). Llegaban también emigrantes venidos de todas las regiones del Mediterráneo (italianos, griegos, egipcios y una minoría judía), que conservaron su herencia intelectual, sus costumbres sociales y sus prácticas religiosas. Sus calles se veían recorridas por grandes comerciantes, industriales, militares y otros representantes de la clase adinerada. Junto a ellos luchaban por sobrevivir campesinos, mendigos, inmigrantes y esclavos. Se calcula que de los 500.000 habitantes que habría en la ciudad, un tercio eran hombres libres, y el resto esclavos que mantenían con su trabajo esta prosperidad.

Corinto era, pues, una ciudad llena de vida, rica, con grandes desigualdades sociales y con una reputación de inmoralidad célebre en todo el Mediterráneo.

Pablo evangeliza Corinto

Pablo llegó a Corinto alrededor del año 50 y permaneció allí durante año y medio. Estaba embarcado en su segunda misión evangelizadora y venía de Atenas, centro cultural reconocido (Hch 17,16-18,18). Al lado del matrimonio cristiano formado por Priscila y Aquila ejerció su trabajo de tejedor de lonas y, a la vez, predicó el Evangelio.

Gracias a este trabajo misionero conjunto se fue formando en Corinto una comunidad compuesta principalmente por gente de origen humilde (1 Cor 1,26-28), aunque no faltaron algunas familias de buena posición social y económica: Crispo, el jefe de la sinagoga (Hch 18,8); Erasto, uno de los tesoreros de la ciudad (Rom 16,23), y otras personas pudientes (1 Cor 11,20-21). Cuando Pablo abandonó la ciudad dejó en ella una comunidad fervorosa y rica en carismas, pero incapaz de romper en tan poco tiempo con el ambiente pagano en el que vivía.

Pablo acompaña a la comunidad de Corinto

Poco después, mientras Pablo evangeliza en Éfeso, se entera de que hay problemas en Corinto. Le han informado las gentes de Cloe (1 Cor 1,11). Una comisión de hermanos (1 Cor 16,17) y su colaborador, Timoteo, ratifican la veracidad de estos informes. Pablo hace una breve visita a la comunidad (2 Cor 12,14-13,1-2). Más tarde, ya en Macedonia, recibe noticias más consoladoras por medio de Tito (2 Cor 7,6s).

En medio de las visitas y los contactos que mantiene, va desarrollando su correspondencia con esta comunidad, a la que profesa un cariño especial. Sus cartas manifiestan la sincera preocupación de quien busca en todo momento hacer comprender a los corintios la sabiduría de Cristo.

PARA PREPARAR EL PRÓXIMO ENCUENTRO

Para preparar la próxima reunión vamos a volver a leer los cuatro primeros capítulos de la primera carta a los Corintios. En ellos aparece de distintas maneras el problema de la división de la comunidad, algo que estaba ocasionando conflictos entre los cristianos de aquella ciudad. Mientras lees 1 Cor 1-4, intenta responder a esta pregunta:

¿Qué expresiones del texto dan a entender que en la comunidad de Corinto había divisiones?

6 CORINTO, UNA COMUNIDAD INMADURA

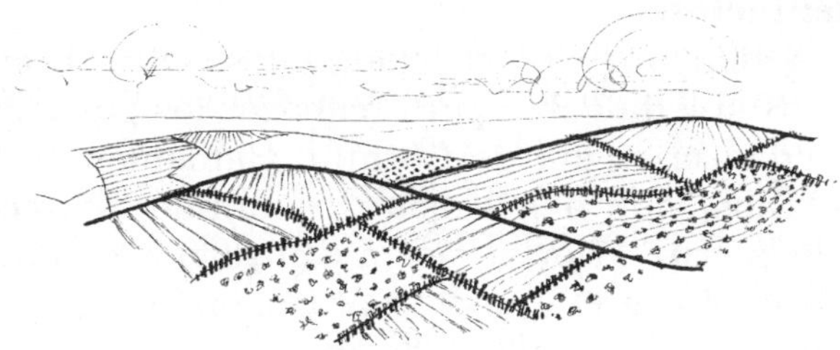

LECTURA CONTINUADA

Puesta en común de 1 Cor 1-4

En los cuatro primeros capítulos de la primera carta a los Corintios, Pablo aborda el problema de las divisiones existentes en la comunidad. En ella se estaban formando partidos en torno a las diferentes personas que habían predicado el Evangelio entre ellos. El apóstol rechaza todo partidismo que ponga en entredicho la unidad de la joven iglesia.

La pregunta que nos habíamos propuesto responder para comentarla en la sesión de hoy se refiere a la falta de unidad entre los corintios: *¿Qué expresiones del texto dan a entender que en la comunidad de Corinto había divisiones?*

GUÍA DE LECTURA

"Mientras haya entre vosotros envidias y discordias, ¿no es señal de inmadurez?"

Antes de comenzar buscamos **1 Cor 3,1-15**

➤ Ambientación

En la sesión anterior reflexionamos sobre uno de los argumentos que da Pablo para rechazar los partidismos de la comunidad cristiana de Corinto. Hablamos de la sabiduría de Dios, que a los ojos del mundo aparece como "locura de la cruz". Hoy vamos a centrarnos en otra de las razones que ofrece el apóstol para oponerse a la división de la comunidad: es signo de inmadurez y contraria al Evangelio que él les ha anunciado.

➤ Miramos nuestra vida

En todas las familias y grupos humanos se viven conflictos y tensiones. Se originan por distintas formas de pensar frente a las circunstancias, por diferencias de carácter, por debilidades humanas como el orgullo o la autosuficiencia... Algunas veces "la sangre no llega al río" y se solucionan mediante el diálogo y la buena voluntad de ambas partes. Otras veces, esos conflictos generan divisiones y rupturas.

– *¿Por qué motivos suelen enfrentarse y dividirse las personas y los grupos?*

– *¿Crees que la envidia, el egoísmo, los celos y todo lo que provoca discordias son signos de inmadurez? ¿Por qué?*

➤ Escuchamos la Palabra de Dios

La comunidad de Corinto se encontraba dividida en partidos. Cada uno reconocía como guía a un líder distinto. Pablo pone al descubierto la sinrazón de estas discordias y proclama que entre los cristianos sólo hay un guía, Jesucristo. Los demás son servidores y colaboradores de Dios.

• Nos preparamos para acoger la Palabra de Dios.

• Una persona del grupo proclama 1 Cor 3,1-15.

• Cada participante vuelve a leer el pasaje y trata de comprenderlo con la ayuda de las notas de la Biblia.

• Intentamos responder entre todos a las siguientes preguntas:

– *¿A qué problema comunitario se refiere Pablo en este pasaje? (Trata de describir la situación de la iglesia de Corinto a partir de 1 Cor 1,10-17 y del pasaje proclamado.)*

– *¿Cómo reacciona el apóstol ante esta situación? ¿Qué revela, en el fondo, la división de la comunidad?*

– *¿Qué razones da para que los corintios tomen conciencia de su problema?*

– *¿Qué imágenes utiliza para ilustrar la acción de Dios en medio de la comunidad? ¿Y para expresar la colaboración de los evangelizadores en esta tarea?*

➤ Volvemos sobre nuestra vida

La división que están viviendo los cristianos de Corinto es un signo de inmadurez humana y cristiana. Nosotros hemos descubierto que, por desgracia, este problema sigue dándose en nuestros grupos. Por eso, las palabras de Pablo pueden iluminar nuestra experiencia de vida. Vamos a reflexionar sobre ello tratando de responder a estas preguntas:

– *¿Se dan en tu comunidad o en tu parroquia divisiones similares a las ocurridas en Corinto? ¿Qué otros signos de inmadurez ves en ella?*

– *¿Cómo puede ayudarnos el pasaje que hemos comentado a superar las divisiones y a madurar en la vida comunitaria? ¿Se te ocurre algún compromiso concreto?*

➤ Oramos

Para ambientar la oración, el animador puede tener preparadas distintas piezas de un *puzzle* que se habrán hecho a partir de una lámina en la que aparezca un rostro de Cristo. Entrega una de las piezas a cada participante para que escriba en ella un signo de inmadurez de la familia, del grupo o de la comunidad que lleva a la división.

• En una breve oración espontánea, se presentan las distintas piezas y se pide alcanzar la unidad.

• Con cada una de las piezas, el grupo intenta recomponer el *puzzle*, que, reconstruido, puede mostrar el rostro de Cristo. Él dará a nuestras vidas madurez y coherencia.

• Podemos terminar cantando *Arriésgate* o recitando el Sal 133 (132): "Qué agradable y delicioso que vivan unidos los hermanos".

PARA PROFUNDIZAR

Problemas en Corinto

Pablo no es el primer cristiano que llegó a Corinto. Le precedieron Priscila y Aquila (Hch 18,1-2). Pero sí que es el primer evangelizador de la ciudad: "He sido yo quien os he hecho nacer a la vida cristiana por medio del Evangelio" (1 Cor 4,15). A su marcha, año y medio más tarde, deja una comunidad con un cristianismo recién estrenado; una comunidad rica en dones del Espíritu pero donde no era fácil la convivencia.

Una comunidad plural...

Las cartas a los Corintios nos presentan una comunidad dividida y enfrentada. Uno de los orígenes de estas divisiones estaba en la pluralidad de sus miembros. La diversidad religiosa y social estaba dando lugar a una comunidad tan variada que la convivencia se hacía difícil dentro de ella.

Desde el punto de vista religioso, la comunidad estaba formada, mayoritariamente, por paganos convertidos al cristianismo que conservaban sus antiguas relaciones sociales. Estas relaciones implicaban a veces la participación en fiestas y banquetes paganos (1 Cor 10,27), en los que corrían el riesgo de volver a los ídolos (1 Cor 8,7) o de seguir frecuentando el prostíbulo del templo de Afrodita (1 Cor 6,15-18). En Corinto había también un grupo significativo de cristianos de origen judío. Es a ellos a quienes se dirige especialmente Pablo cuando compara los acontecimientos del Éxodo con la situación que se vivía en la comunidad (1 Cor 10,1-14).

Desde el punto de vista socioeconómico, Corinto era también una comunidad plural. Aunque prevalecía en ella la clase humilde, estaban representados todos los estratos de la sociedad de la época (1 Cor 1,26-28): cristianos que poseían casas amplias en las que acogían a la comunidad cristiana de Corinto (Rom 16,23); Erasto era el "tesorero de la ciudad" (Rom 16,23); Crispo era, antes de la conversión, jefe de la sinagoga (Hch 18,8); pero también había algunos esclavos, como "los de Cloe" (1 Cor 1,11). La minoría de la clase alta ocuparía, posiblemente, los puestos claves dentro de la comunidad: su desahogo económico les permitía acoger a misioneros itinerantes; la amplitud de sus casas hacía posible que en ellas se reunieran las comunidades; su posición social les abría un mundo de relaciones vedado a los cristianos pertenecientes a la clase baja.

Entre personas tan diversas a nivel religioso, social y económico, no es extraño que surgieran tensiones, divisiones, contraposiciones y rupturas. Testimonio de ello son los problemas en las celebraciones de la cena del Señor (1 Cor 11,17-34); el escándalo por consumir la carne sacrificada a los ídolos (1 Cor 8; 10,14-33); la falta de unidad en los servicios a la comunidad (1 Cor 12,12-31).

...que estaba desorientada

Además de las tensiones surgidas directamente de la diversidad religiosa y social, la comunidad cristiana de Corinto tuvo que afrontar otros problemas. Por ejemplo, el de la desorientación en materia de sexualidad que estaban viviendo algunos de sus miembros, pues uno "vivía con su madrastra como si fuera su mujer" (1 Cor 5,1) y otros dudaban sobre si casarse o no, dada la cercana llegada del fin de los tiempos (1 Cor 7).

Esta desorientación saca a la luz varios problemas de fondo. Por un lado la dificultad con la que se debió de encontrar Pablo para implantar la ética cristiana en una sociedad permisiva y relajada. Era difícil que esta nueva ética arraigara sólidamente con una evangelización rápida. Tampoco debieron ayudar a la cohesión la división en partidos (1 Cor 1,10-17) y la intromisión de quienes Pablo llama "falsos profetas" (2 Cor 11,13).

La actitud de Pablo

Pablo conocía esa realidad. Buscando sobre todo el crecimiento de esa comunidad, mantuvo contacto con ella a través de cartas, enviando delegados, como Tito (2 Cor 12,18), y mediante visitas personales (2 Cor 12,14).

Su actitud fue la de un padre que se preocupa por sus hijos (1 Cor 4,14-15), la de una madre que les da leche como alimento cuando no pueden tomar otra cosa (1 Cor 3,2), la de un ministro que posee la fuerza del Espíritu (2 Cor 3,6). Afronta cada problema mostrando las incoherencias presentes en la comunidad; optando, según la tradición cristiana, por los más débiles (1 Cor 8,11-13); colocando a Jesús muerto y resucitado como centro de la Iglesia (1 Cor 3,11) y razón de su apostolado (2 Cor 4,1.6); invitando a los corintios a la reconciliación (2 Cor 5,20).

Era consciente de la riqueza de dones que poseía esa iglesia (1 Cor 1,7) y de que una de sus manifestaciones era la pluralidad. El problema estaba en que esta diversidad mal encajada estaba minando su vitalidad y su testimonio en medio del mundo.

Recogemos el testigo de Pablo. Porque la necesidad de la unidad en medio de una pluralidad sana continúa siendo un don y una tarea en la Iglesia de Jesucristo.

PARA PREPARAR EL PRÓXIMO ENCUENTRO

Poco a poco vamos descubriendo que la primera carta a los Corintios es el retrato de una iglesia joven que tiene que enfrentarse con numerosas dificultades: discordias, divisiones... En las próximos encuentros seguiremos descubriendo las situaciones concretas que aquellos cristianos y cristianas estaban viviendo. Para preparar la siguiente sesión, vamos a leer 1 Cor 5-7, tratando de responder a esta pregunta:

¿Qué problemas se plantean en estos capítulos y qué soluciones aporta Pablo?

NOTAS

7 TEMPLOS DEL ESPÍRITU SANTO

LECTURA CONTINUADA

Puesta en común sobre 1 Cor 5-7

La iglesia de Corinto era joven y además estaba inmersa en una sociedad moralmente permisiva, que ejercía una fuerte atracción sobre ella. A oídos de Pablo, que se encuentra en Éfeso, han llegado noticias de algunas situaciones escandalosas dentro de la comunidad. Afectan a la vida sexual de los cristianos (1 Cor 5,1-13; 6,12-20; 7) y a las relaciones que se establecen entre ellos (1 Cor 6,1-11). Al preparar este encuentro habremos descubierto algunas de estas dificultades. Nos propusimos leer 1 Cor 5-7 y responder a esta pregunta: *¿Qué problemas se plantean en estos capítulos y qué soluciones aporta Pablo?*

Ponemos en común lo que hemos encontrado.

GUÍA DE LECTURA

"Vuestro cuerpo es templo del Espíritu Santo"

Antes de comenzar buscamos **1 Cor 6,12-20**

➤ Ambientación

Los cristianos de Corinto no tienen claro cómo deben vivir la sexualidad. Influidos por la mentalidad de la sociedad que les rodea, no acaban de comprender que, para un seguidor de Jesús, el cuerpo es un elemento importante y que el sexo no se reduce a una cosa de la que pueda usarse o abusarse a capricho. Posiblemente hoy se esté dando en nuestra sociedad un problema parecido.

➤ Miramos nuestra vida

La represión sexual que se vivió en el pasado ha dejado paso a un libertinaje en el mismo campo. Hay agencias que, tras el apelativo de "turísticas", esconden una auténtica explotación sexual, a veces incluso de niños; es frecuente encontrar en los periódicos anuncios en los que se ofrece una compañía muy "particular"; se oye hablar de "cama redonda", "intercambio de pareja"... Es como si el sexo no tuviera nada que ver con la persona y la dimensión sexual pudiera vivirse fuera del amor.

– ¿Qué piensas de estas formas de vivir la sexualidad?

– ¿Crees que tiene sentido vivir la sexualidad fuera del amor?

➤ Escuchamos la Palabra de Dios

Corinto era una ciudad conocida por sus inmoralidades, hasta el punto de que se utilizaba el verbo "corintizar" para designar el goce desenfrenado de los placeres sexuales. Conociendo esta realidad, Pablo exhorta a los cristianos de la ciudad a que valoren la sexualidad como una dimensión positiva del cuerpo que compromete a toda la persona.

• Antes de proclamar el pasaje, hacemos un momento de silencio para acoger la Palabra de Dios.

• Escuchamos la proclamación de 1 Cor 6,12-20.

• Cada uno de nosotros vuelve a leer el pasaje en su Biblia y trata de comprenderlo. Pueden ayudarnos las siguientes preguntas:

– *Algunos corintios pensaban: "Todo me es lícito". ¿Cómo responde Pablo? ¿Opina lo mismo?*

– *Vuelve a leer este pasaje fijándote en lo que se dice sobre el cuerpo. Completa estas frases:*

– *"El cuerpo es...".*

– *El cuerpo no es...*

– *Elige la frase que, para ti, sea la más importante para entender la enseñanza de este pasaje. Razona tu respuesta.*

➤ Volvemos sobre nuestra vida

La postura de Pablo es muy clara: la sexualidad cristiana no puede vivirse al margen del amor y de la fe. Para un cristiano ser persona sexuada no significa dejarse llevar por un capricho que hace del otro un mero objeto. Al contrario, su sexualidad le compromete a ser persona en relación, hombre o mujer para el encuentro y la entrega mutua. Su fe le hace descubrir en su cuerpo y en el del otro/a la presencia del Espíritu.

– *¿Qué significa para ti que tu cuerpo y el del otro/a es templo del Espíritu Santo?*

– *¿Con qué palabras, imágenes, ejemplos, transmitirías a otras personas lo que dice Pablo?*

– *¿Cómo te ayuda a vivir tu sexualidad esta enseñanza del apóstol?*

➤ Oramos

Pablo dice que somos templos del Espíritu. Durante unos momentos de silencio nos hacemos conscientes de esta presencia que nos habita y nos acompaña. Podemos, después, hablar con Él. Le presentamos nuestras reflexiones, le damos gracias por nuestros logros y le pedimos que continúe con nosotros en el camino, hasta lograr la plena madurez en el amor y en la fe.

• Oración personal.

- Oración comunitaria.
- Podemos terminar recitando la secuencia de Pentecostés *Ven, Espíritu Divino,* o un canto al Espíritu Santo conocido por todos.

PARA PROFUNDIZAR

La mujer en las comunidades paulinas

Se oye decir a veces que Pablo es antifeminista, enemigo de la mujer y de lo femenino. Y la verdad es que deberíamos dar la razón a quienes así piensan, si tenemos en cuenta textos como 1 Cor 11,3: "La cabeza de la mujer es el hombre"; 1 Cor 14,33-35: "Las mujeres callen en las asambleas... Si quieren aprender algo, pregúntenlo a sus maridos en casa..."; 1 Tim 2,9-15, y otros en los que se habla de la sumisión de la mujer.

Sin embargo, para hacer justicia a los libros bíblicos, es necesario leer cada texto desde la realidad y el contexto en el que fueron escritos. Además, en el caso de Pablo, habría que tener en cuenta otros aspectos, como reconocer el ambiente patriarcal en el que se desenvolvió el apóstol y no olvidar la diferencia entre las cartas salidas de su pluma y las que escribieron sus discípulos después de él.

La mujer en el judaísmo palestino del siglo I

Las mujeres en el judaísmo, a principios de la era cristiana, eran seres humanos de segunda categoría que no podían participar en la vida pública, ni económica, ni cultural, ni religiosa. Su vida estaba orientada al matrimonio, la maternidad y la casa, y además dependían en todo, y toda la vida, del varón.

Podríamos ilustrar su estado de marginación con el texto de una oración que recitaba todo varón judío devoto: "Te doy gracias, Señor, porque no me has hecho ignorante, ni pagano, ni mujer". Y ella oraba así: "Gracias, Señor, porque me has creado según tu voluntad".

La mujer en las cartas escritas por Pablo

Pablo es hijo de su tiempo y es lógico que estuviera influenciado por la mentalidad que le rodeaba. Pero también es cierto que sólo desde este trasfondo patriarcal podemos percibir el salto de gigante que dio.

Su idea central es que desde Cristo Jesús ya no hay más que una categoría de personas, la de hijos de Dios, y todos con los mismos derechos: "Ya no existe judío ni griego, esclavo ni libre, varón ni mujer, pues todos sois uno en Cristo" (Gál 3,26-28). Consciente de este hecho, Pablo asocia a mujeres a su tarea misionera. Textos como Rom 16 o Flp 4,2-3 hablan de mujeres que han sido diaconisas, apóstoles o colaboradoras a su lado; señalan la presencia de mujeres, como Lidia (Hch 16,15), en la organización de las iglesias domésticas... Otros pasajes, como 1 Cor 7, hacen una llamada universal, también para la mujer, al celibato por el Reino.

La aceptación de la mujer como evangelizadora, en el matrimonio o en la vida célibe, suponía una ruptura con la mentalidad patriarcal del momento. Abría la puerta a su independencia en el sometimiento al varón; implicaba que la mujer podía realizarse de otros modos más allá de la maternidad y el cuidado de la casa; se le permitía participar en la vida social y religiosa del momento.

La mujer en las cartas de sus discípulos (deuteropaulinas)

El pensamiento de Pablo es continuado y reinterpretado por sus discípulos a la luz de la realidad histórica que les tocaba vivir. Es la llamada tradición deuteropaulina (cartas a los Colosenses, Efesios, 1 y 2 Timoteo y Tito), de la que ya hemos hablado (véase el tema 4).

Estos cristianos procuraron que la Iglesia pudiera continuar expandiéndose en el mundo grecorromano y no quedara reducida a un grupo sectario cerrado. Buscar la aceptación social supuso una cierta acomodación de las comunidades cristianas a las estructuras sociales del Imperio, principalmente dentro de la familia y de la ciudad. La Iglesia logró abrirse paso en el mundo, creció el número de creyentes, se adoptaron formas nuevas de organización religiosa, pero se perdió el entusiasmo primitivo y el papel relevante de las mujeres en las comunidades. Si el prototipo femenino de virtud, según el sentir social de la época, era la mujer dedicada a la casa, al marido y a los hijos, se escribirán pasajes como Tit 2,4-5, en el que se exaltan esos valores; la mentalidad de que era el hombre quien llevaba la administración de la comunidad política pasa a las iglesias; la lucha contra tendencias heréticas acentúa unos aspectos de la doctrina y va olvidando otros. Surge así un orden eclesial que olvida la igualdad que se había comenzado a crear entre varón y mujer.

Concluyendo, podemos decir que no haríamos justicia a Pablo si pensáramos que defendió la marginación de la mujer frente al varón. Era consciente de que Dios ama a toda persona sin distinción de sexos y de que este amor, manifestado en Jesús, había inaugurado un orden nuevo en el mundo. Eso fue lo que él predicó y practicó en las primeras comunidades cristianas, pero era muy difícil eliminar automáticamente la mentalidad patriarcal del momento. De hecho, esta mentalidad volvió a surgir con fuerza a finales del siglo I. En todo caso, la visión cristiana de la unidad de todos los seres humanos en Cristo resucitado es un camino que estamos llamados a retomar en cualquier época histórica que nos toque vivir.

PARA PREPARAR EL PRÓXIMO ENCUENTRO

En nuestra lectura de la primera carta a los Corintios vamos descubriendo nuevos aspectos de la vida de aquella comunidad. Para preparar la próxima reunión vamos a leer 1 Cor 8-10. En estos capítulos Pablo se hace eco de un nuevo problema comunitario.

¿Podrías señalar cuál era el problema y la solución que ofrece el apóstol?

8 AMA Y HAZ LO QUE QUIERAS

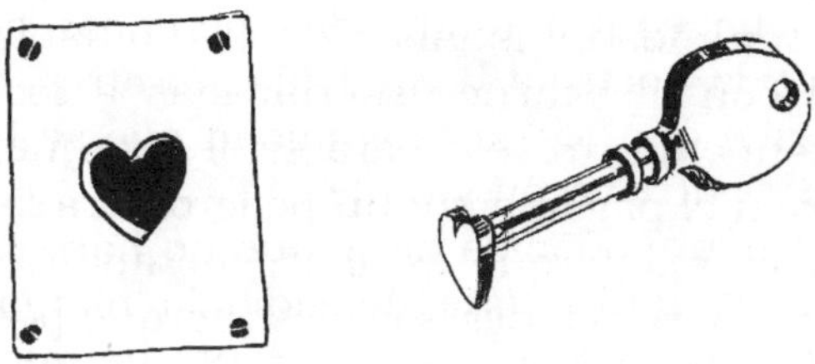

LECTURA CONTINUADA

Puesta en común sobre 1 Cor 8-10

En esta sección Pablo se hace eco de otro de los problemas que enturbiaban las relaciones de la comunidad de Corinto: la actitud de los cristianos hacia los banquetes en los que se comía la carne sacrificada a los ídolos. Si participaban en ellos o compraban esas carnes, podía dar la impresión de que comulgaban con los cultos a los dioses paganos. Pero si no lo hacían, corrían el riesgo de aislarse, porque esas reuniones eran, en aquel tiempo, actos sociales en los que se decidía la vida política o se hacían negocios.

Para preparar este encuentro nos propusimos leer 1 Cor 8-10. En estos capítulos Pablo recoge el problema del que estamos hablando. *¿Podrías señalar cuál era el problema y la solución que propone el apóstol?*

GUÍA DE LECTURA

"Todo es lícito, pero no todo aprovecha a los demás"

Antes de comenzar buscamos **1 Cor 10,23-11,1**

➤ Ambientación

En la comunidad cristiana de Corinto había surgido una dificultad con las carnes sacrificadas a los ídolos. Esta cuestión suponía un reto para su fe, porque podía hacerles recaer en el paganismo; un peligro para la unidad de la vida en común, porque estaba generando divisiones; un dilema en sus relaciones sociales, porque podía llevarles a la marginación. La respuesta de Pablo continúa siendo actual y puede seguir iluminando nuestra vida.

➤ Miramos nuestra vida

Todos ansiamos vernos exentos de trabas físicas, económicas, políticas, culturales, laborales o sociales que nos impiden ser libres. Sin embargo, cuando queremos precisar en qué consiste la libertad y señalar sus límites, no nos ponemos de acuerdo. Para algunos consiste en hacer en cada momento lo que se quiera; para otros, en vivir sin trabajar... A veces también se oyen frases como ésta: "Mi libertad acaba donde empieza la de los demás".

– *¿En qué consiste para ti la verdadera libertad?*
– *¿Crees que esa libertad tiene algún límite?*

➤ Escuchamos la Palabra de Dios

Algunos cristianos de Corinto, partiendo de la certeza de que Cristo nos ha dado la libertad, asistían a banquetes y reuniones sociales en los que se comía carne sacrificada a los ídolos. Otros hermanos de la comunidad consideraban esto un escándalo, porque veían en ello una vuelta a la comunión con los falsos dioses. Estas dos posturas están detrás de la respuesta de Pablo que hoy vamos a meditar.

• Antes de proclamar el pasaje hacemos unos momentos de silencio.

• Una persona del grupo lee en voz alta y pausada 1 Cor 10,23-11,1.

• Volvemos a leer en silencio el pasaje. Después comentamos la respuesta a estas preguntas:

- *Aunque en la lectura continuada hemos hablado del tema de las carnes sacrificadas a los ídolos, ¿podrías recordar brevemente cuál era el problema que se planteaba a los cristianos de Corinto? (Antes de responder, lee también 1 Cor 8,1-13.)*
- *Pablo aconseja comer la carne sacrificada a los ídolos en 1 Cor 10,25, y no comerla en 1 Cor 10,28. ¿Se contradice? ¿Cuál es la razón que da en cada caso?*
- *El apóstol señala que el cristiano es libre para comer la carne sacrificada a los ídolos, pero que esa libertad tiene un límite. ¿Cuál es ese límite?*
- *¿Quién es el modelo supremo en el modo de actuar de los cristianos?*

➤ Volvemos sobre nuestra vida

Podríamos decir, recordando las palabras del apóstol Pablo, que el hombre auténticamente libre es aquel que se hace voluntariamente esclavo de los otros por amor (Gál 5,13). San Agustín de Hipona lo expresó así: "Ama y haz lo que quieras". Y es que el deseo de libertad que hay en el corazón humano no se sacia con cosas, ni viéndose exento de trabas externas, ni anclándose en el egoísmo. Sólo el que se identifica con Cristo, que vino para liberar desde el servicio y el amor, puede alcanzar la libertad y hacer suya la causa de la liberación.

– *¿Qué relación existe, según Pablo, entre el amor y la libertad?*

– *¿Qué consecuencias prácticas tiene para nosotros y nuestras comunidades la solución que da el apóstol a los cristianos de Corinto?*

➤ Oramos

La libertad es una vocación y una tarea no exenta de dificultades. Conscientes de todo ello, abrimos nuestro corazón al Señor, le pedimos que Él nos haga libres a su estilo, desde el amor, y que así nos embarquemos en la tarea de liberar.

• Para dinamizar este momento de oración, el animador puede haber repartido entre los miembros del grupo algunos versículos bíblicos alusivos a la libertad. En este momento y pausadamente, pueden irse leyendo mientras el resto de los participantes escucha (Lc 4,18-19; Jn 8,31-32; Jn 8,36; 1 Cor 9,19; 2 Cor 3,17; Gál 5,13).

• Cada miembro del grupo puede expresar su oración en voz alta o repetir, a modo de eco, una palabra o frase de los pasajes bíblicos leídos que haya resonado en su interior.

• Terminamos cantando juntos *Libertador de Nazaret* u otro canto apropiado que sea conocido por todos.

PARA PROFUNDIZAR

Cristianos en la sociedad: ¿inserción o exclusión?

Las primeras comunidades cristianas estuvieron animadas por un fuerte deseo de evangelización, impulsadas por el envío misionero de Jesús resucitado: “Poneos en camino, haced discípulos a todos los pueblos” (Mt 28,19). En este camino tuvieron que buscar cómo insertarse en la sociedad sin perder la propia identidad, cómo promover la vida cristiana en el mundo que les tocaba vivir conciliando su fe con la cultura que les rodeaba.

Es necesario un discernimiento

El problema planteado por los idolotitos encerraba una cuestión social seria para los cristianos que habitaban en la ciudad de Corinto. No comer la carne de las víctimas sacrificadas a las divinidades paganas suponía que debían rechazar toda invitación de convivencia o de negocios, que normalmente tenían lugar en el ámbito de una comida. Si hacían esto, poco a poco quedarían excluidos de la vida social, económica y política. Consciente de esta realidad, Pablo dejó abiertos dos caminos. Como regla general, comer y aceptar las invitaciones, salvo las que supusieran participar en el culto pagano. El apóstol admite así la inserción de los cristianos en la sociedad que les tocaba vivir. Pero esta norma general quedaba limitada por el peligro de escándalo para el hermano de conciencia más débil. En este caso, antepone la fraternidad a las relaciones sociales.

En la carta a los Romanos Pablo invita a mantener una distancia crítica frente al mundo: "No os acomodéis a los criterios de este mundo; al contrario, transformaos, renovad vuestro interior, para que podáis descubrir cuál es la voluntad de Dios" (Rom 12,2). Invita a discernir los acontecimientos de la vida, porque el camino de Dios no siempre es algo obvio: con frecuencia está escondido en los pliegues de la existencia cotidiana. No pide a los cristianos de Roma que se marginen de la sociedad, sino que en ella y desde ella descubran su compromiso como creyentes, pero sin acoger, sin más, las corrientes de moda en "este mundo".

A veces caben posturas diversas

Hacia finales del siglo I, y en el entorno geográfico de la ciudad de Éfeso, encontramos testimonios de dos posturas diferentes tomadas por los cristianos en sus relaciones con la sociedad en que vivían. Por una parte, las Cartas Pastorales (1 y 2 Timoteo y Tito) defienden dialogar con el mundo; por otra, el libro del Apocalipsis manifiesta un claro rechazo a pactar con él.

Las iglesias de las Cartas Pastorales se encontraron con el dilema de adaptarse a la organización social del mundo grecorromano o convertirse en una secta aislada del mundo exterior. Su opción fue vivir su fe en el contexto histórico y cultural en el que estaban inmersas, para lograr la aceptación social y pervivir en el tiempo. Buscando poner en diálogo fe y cultura, exhortan a los creyentes a que oren por las autoridades (1 Tim 2,2), incluso que se sometan a ellas (Tit 3,1); animan a mantener el orden establecido y rechazan, por ejemplo, la emancipación de las mujeres (1 Tim 2,12) o de los esclavos (Tit 2,9-10).

Bien distinta fue la opción del libro del Apocalipsis, un escrito que se opone a la dominación romana y en el que predomina la actitud crítica contra el orden social dominante (Ap 18,9-24). En este libro aparecen incluso reproches por haber comido carne sacrificada a los ídolos (Ap 2,14.20). El cristiano, en este mundo injusto y permisivo, no puede relajarse. Su postura ha de ser la lucha y resistencia contra todas las fuerzas del mal, sabiendo que quienes se mantengan fieles participarán de la victoria de Cristo (Ap 21,1-7).

Por tanto, en el canon del NT encontramos juicios de valor diferentes sobre el tema de la inserción de los cristianos en el mundo. Ello es señal evidente de que no existen soluciones hechas. Es necesario que cada generación realice un proceso de discernimiento a la luz del espíritu que manifiestan las Escrituras. Para nuestro tiempo este proceso ha sido iniciado por el Concilio Vaticano II.

El Concilio Vaticano II

La Iglesia, a través de este concilio, nos ha exhortado a sentirnos parte de nuestra realidad, a escuchar su llamada, porque "los gozos y las esperanzas, las tristezas y las angustias de los hombres de nuestro tiempo... son a la vez los gozos y esperanzas, tristezas y angustias de los discípulos de Cristo" (*Gaudium et spes*, 1). Así, en el corazón del mundo, y sumergidos en el proyecto de amor de Jesús, estamos convocados al compromiso político, social, laboral, en la familia, en el barrio, en la ciudad, para transformarlo según los valores del Evangelio. Eso sí, nuestra inserción en el mundo no aportará a éste ninguna novedad si para ello renunciamos al Evangelio, que, según nos dijo Jesús, debe ser como la sal y la luz.

PARA PREPARAR EL PRÓXIMO ENCUENTRO

Para la próxima reunión vamos a leer 1 Cor 11-14, una sección en la que Pablo nos habla de los conflictos que surgen en las asambleas litúrgicas de la comunidad. A medida que vamos leyendo esta sección intentamos responder a la siguiente pregunta:

¿Qué problemas se presentan en la comunidad de Corinto en relación con las asambleas litúrgicas?

NOTAS

9 LA CENA DEL SEÑOR

LECTURA CONTINUADA

Puesta en común sobre 1 Cor 11-14

En este capítulo se habla de algunos problemas relacionados con las asambleas litúrgicas de la comunidad de Corinto: desde el uso del velo por las mujeres hasta las más graves injusticias sociales, que desvirtuaban la celebración de la cena del Señor. Vamos a tratar de identificar estos problemas respondiendo a la pregunta que nos hicimos: *¿Qué problemas se presentan en la comunidad de Corinto en relación con las asambleas litúrgicas?*

GUÍA DE LECTURA

"Haced esto en memoria mía"

Antes de comenzar buscamos **1 Cor 11,17-34**

➤ Ambientación

En la sesión anterior vimos cómo Pablo tomaba postura ante el tema de la carne sacrificada a los ídolos. Hoy veremos su reacción ante lo que pasaba en las celebraciones de la comunidad. El apóstol quiere hacer comprender a los cristianos de Corinto que la celebración de la Eucaristía no es un rito sagrado separado de la vida, sino que consiste esencialmente en la puesta en práctica del amor mutuo, en el compartir y entregar la vida por los demás.

➤ Miramos nuestra vida

En nuestros pueblos y en nuestros barrios coexisten familias acomodadas y otras que viven en la inseguridad o en la exclusión social. En el seno de la Iglesia encontramos estos mismos contrastes. Un sencillo análisis de la realidad nos hace caer en la cuenta de las grandes diferencias culturales, económicas y sociales que hay en el seno de nuestras comunidades cristianas.

– *¿Crees que en nuestras iglesias se dan situaciones de desigualdad y de falta de solidaridad entre los creyentes? Comparte con los demás las experiencias que tengas.*

➤ Escuchamos la Palabra de Dios

La celebración de la cena del Señor debía ser, además de otras cosas, expresión de la fraternidad entre los cristianos. Pablo se disgusta cuando se entera de que allí hay de todo menos fraternidad y comunión.

• Antes de escuchar la Palabra de Dios preparamos nuestro interior para recibirla, guardando unos instantes de silencio.

• Proclamación de 1 Cor 11,17-34.

• Cada uno vuelve a leer el texto consultando las notas de su Biblia.

• Finalmente, todos juntos tratamos de responder a las siguientes preguntas:

– *¿Qué ocurría en la comunidad de Corinto cuando se reunían para celebrar la Eucaristía? ¿Cómo reacciona Pablo ante este hecho?*

- *¿Qué tradición les recuerda para que caigan en la cuenta del sentido auténtico de lo que celebran?*
- *¿Descubres, en este pasaje, alguna relación entre la celebración de la Eucaristía y las exigencias de la vida fraterna?*
- *¿Cómo debemos entender en este contexto la expresión "profanar el cuerpo del Señor"?*

➤ Volvemos sobre nuestra vida

Cada Jueves Santo leemos de este pasaje los versículos en que Pablo recuerda la institución de la Eucaristía, pero omitimos el contexto en que se encuentra. Hoy, al haber escuchado las circunstancias en las que el apóstol recuerda la tradición sobre la cena del Señor, estaremos en mejores condiciones para entender lo que significa celebrar la fracción del pan. Si Pablo pide a los corintios que corrijan su comportamiento, nosotros nos sentiremos igualmente interpelados al mirarnos en el espejo de las primeras asambleas eucarísticas.

– ¿Cómo podría ayudarnos la celebración de la Eucaristía a ser solidarios y a superar las diferencias que existen entre nosotros?

– ¿En qué medida los cristianos que participamos en la Eucaristía estamos realmente en comunión los unos con los otros? Intenta dar alguna respuesta que te lleve a comprometerte personal y comunitariamente.

➤ Oramos

En este momento vamos a decirle a Dios, en forma de oración y compromiso, aquello que la lectura de este pasaje ha despertado dentro de nosotros, aquello que quiere ser transformado, aquello que moviliza nuestras energías y pone en marcha nuestros deseos.

• Para ambientar este momento de encuentro con el Señor podemos colocar en el centro de la mesa un pan y una copa de vino.

• Leemos de nuevo 1 Cor 11,17-34.

• Cada uno ora personalmente teniendo en cuenta el pasaje proclamado y lo que juntos hemos dialogado.
• Hacemos nuestra oración comunitaria.
• Terminamos cantando *Compartir junto al Señor* u otro canto eucarístico.

PARA PROFUNDIZAR

La fracción del pan

Hoy estamos viviendo un redescubrimiento de lo gratuito y lo celebrativo. Los festejos recuperan su popularidad en las tradiciones de los pueblos. Vivimos la fiesta como un momento significativo que se inserta en la vida cotidiana, dejamos el trabajo para entrar en una dinámica de alegría y gratuidad. Celebramos los aniversarios, los cumpleaños, el día del patrón del pueblo... y lo hacemos con banquetes, música, cantos, bailes, regalos, luces, flores... Vivimos la fiesta con otros, repitiendo muchas veces ritos o gestos heredados del pasado. Los hombres y las mujeres necesitamos expresar las realidades más profundas que nos habitan. El ser humano ha nacido para celebrar la vida.

Las comidas de Jesús

En nuestras fiestas ocupa un lugar especial el banquete. A Jesús le gustaba comer con los amigos para festejar la vida (Jn 2,1-11; Mc 1,31; Lc 10,38-42); algunas veces le acusaban de comilón y bebedor (Mt 11,19) porque comía con pecadores (Mc 2,15-17; Lc 15,2). Actuando de esta forma, Jesús asumió el banquete y la comida y lo convirtió en signo del Reino de Dios.

Al despedirse de sus discípulos, Jesús celebró también un banquete con ellos. Esta comida tuvo lugar en el marco de las fiestas de la Pascua judía, en las que se recordaba cómo Dios había liberado a su pueblo de la esclavitud de Egipto. De esta cena pascual nacerá una nueva fiesta de Pascua, la celebración cristiana de la Eucaristía.

Jesús resucitado se apareció a sus discípulos confiándoles la misión de anunciar el Evangelio. Este encuentro con el Señor, que tras pasar por la muerte recobra la vida, aconteció con frecuencia en el contexto de una comida. Así, los discípulos de Emaús le reconocen al partir el pan (Lc 24,13-35), y en el pasaje de la pesca milagrosa el Resucitado prepara la comida desde la orilla (Jn 21,1-14). En los dos casos, la referencia a la Eucaristía es evidente.

Las primeras comunidades celebraban la cena del Señor

Estas comidas de Jesús estaban presentes en la memoria de los apóstoles y en el pensamiento de los primeros cristianos cuando se reunían en casa de alguno de los hermanos para celebrar la cena del Señor. Estos encuentros eran momentos privilegiados para recordar las enseñanzas y los gestos que hizo el Resucitado, y contribuyeron de una forma muy especial al nacimiento de las Escrituras.

Justino, un cristiano que vivió en Roma hacia el año 150, narra cómo los cristianos se reunían los domingos para tomar parte en la Eucaristía: "El día que se llama del sol se celebra una reunión de todos los que moran en las ciudades o en los campos, y allí se leen, en cuanto el tiempo lo permite, los recuerdos de los Apóstoles o los escritos de los profetas. Luego, cuando el lector termina, el presidente, de palabra, hace una exhortación e invitación a que imitemos esos bellos ejemplos. Seguidamente nos levantamos todos a una y elevamos nuestras preces, y cuando éstas terminan, como ya dijimos, se ofrece pan y vino con agua, y el presidente, según sus fuerzas, hace igualmente subir a Dios sus preces y acciones de gracias y todo el pueblo exclama diciendo: Amén" (san Justino, *Apología I*, 67,3-5ª).

La Eucaristía y la vida

La fracción del pan era el centro de la vida de las primeras comunidades (Hch 2,42-47). En torno a la mesa ponían en común lo que poseían, compartían la vida, se entregaban en el servicio; en una palabra, vivían la fraternidad.

Lucas no presenta este resumen de la vida de la comunidad de Jerusalén como un dato histórico; quiere poner ante los ojos de sus lectores un modelo de Iglesia para estimular la vida de las comunidades. Pero pronto aparecen los problemas en esta iglesia naciente. En otros pasajes, el mismo autor nos presenta graves conflictos de comunión (Hch 6,1-6) o de engaño (Hch 5,1-11). El pasaje que hemos analizado en el encuentro de hoy (1 Cor 11,17-34) refleja las diferencias sociales que amenazaban a la comunidad cristiana.

Sin embargo, y a pesar de éstas y otras dificultades y tentaciones que rodean la celebración de la Eucaristía entonces y ahora, celebrar la cena del Señor es una constante invitación a llevar la misma vida que llevó Jesús, una llamada a compartir con los hermanos y hermanas en el amor y la solidaridad. Hoy también la fracción del pan es la fiesta de la comunión con Cristo y con los hermanos, es la fiesta de la abundancia del pan y del vino, es la fiesta del paso liberador de Cristo. La celebración de la Eucaristía nos envía a hacer de nuestro mundo una gran familia en la que no haya excluidos del banquete y en la que todos podamos llamar a Dios "Padre nuestro".

PARA PREPARAR EL PRÓXIMO ENCUENTRO

Para preparar el próximo encuentro vamos a volver a leer 1 Cor 11-14. En la reunión anterior nos centramos sobre los problemas que surgieron en las asambleas litúrgicas. En ésta trataremos de encontrar las pistas que Pablo nos da para recuperar el sentido cristiano de tales reuniones. Leemos ahora esta sección y tratamos de responder a esta pregunta:

¿Qué recomendaciones da Pablo para devolver a las asambleas cristianas su verdadero sentido fraterno?

10 EL CAMINO DEL AMOR

LECTURA CONTINUADA

Puesta en común sobre 1 Cor 11-14

En la puesta en común de nuestra reunión anterior señalamos los problemas que se planteaban en las asambleas cristianas de Corinto. La segunda lectura de esta sección pretende dar un paso más y ahondar en las respuestas que Pablo aporta para solucionar los conflictos de la comunidad.

Vamos a compartir lo que hemos descubierto en torno a este tema. La pregunta a la que debíamos contestar era: *¿Qué recomendaciones da Pablo para devolver a las asambleas cristianas su verdadero sentido fraterno?*

GUÍA DE LECTURA

"Si no tengo amor, nada soy"

Antes de comenzar buscamos **1 Cor 12,31-13,13**

➤ Ambientación

En el encuentro anterior vimos que en la comunidad de Corinto había divisiones, que los cristianos, cuando celebraban la Eucaristía, no se esperaban para comer juntos. Unos pasaban hambre mientras otros se embriagaban. Pablo les recuerda que la Eucaristía simboliza y realiza la unión de todos en un solo cuerpo. Hoy veremos que el apóstol, tras insistir en el recto uso de los carismas, nos habla del más excelente de todos ellos, del don del amor.

➤ Miramos nuestra vida

El amor es un tema central en el cine, la canción o la literatura. En nuestro mundo se habla constantemente del amor: del amor pasión, del amor materno, del amor filial, del amor de pareja, del amor de amistad... El amor es el manantial de todos los bienes y el horizonte al que todos queremos llegar. Es el motor que nos permite sentirnos vivos. Sin embargo, muchas veces llamamos amor a lo que no es sino un egoísmo encubierto que domina o humilla a las personas.

– *¿Crees que todos queremos decir lo mismo cuando utilizamos la palabra "amor"?*

– *¿Qué significa para ti amar de verdad? ¿Crees que es fácil amar?*

➤ Escuchamos la Palabra de Dios

Pablo advierte a los corintios que lo extraordinario del cristianismo no está en las manifestaciones prodigiosas. Lo extraordinario del cristianismo consiste en que todos nosotros somos llamados al amor. Los distintos dones que recibimos tienen su importancia, pero lo único esencial es el amor.

• Vamos a preparar nuestro interior con unos momentos de silencio para acoger la Palabra de Dios.

• Un miembro del grupo proclama 1 Cor 12,31-13,13.

• Para entender bien el pasaje, además de volver a leer despacio el texto y consultar las notas de la Biblia, sería bueno leer todo el capítulo 12. Así podrás situarte en el contexto en que Pablo nos presenta este himno al amor.

• Respondemos juntos a estas preguntas:

– *Pablo afirma que sin el amor no somos nada. ¿Con qué imágenes pone de relieve la importancia del amor?*

– *¿Qué características tiene el amor del que habla el apóstol en este pasaje?*

– *¿Por qué la caridad es el más excelente de todos los carismas?*

➤ Volvemos sobre nuestra vida

Puede que lo que hemos leído nos desconcierte. Por la vida circulan refranes como: "el amor bien entendido empieza por uno mismo", "piensa mal y acertarás"... En la sociedad se nos enseña a "hacernos respetar", a no tolerar las ofensas, a exigir reparación... Por otra parte, al empezar el encuentro, hemos constatado el desgaste de la palabra "amor" en los labios de muchas personas. Pablo nos obliga a revisar nuestro concepto del amor y nos da pistas para poder recuperar sus raíces auténticas.

– *¿Cuál de las dimensiones del amor que nos presenta Pablo nos resulta más difícil de vivir en este momento de nuestra vida?*

– *¿Cómo sería nuestra sociedad si los cristianos viviéramos desde el amor desinteresado y gratuito, al estilo que nos sugiere el apóstol?*

➤ Oramos

Después de haber hablado sobre el amor en nuestra vida y de haber escuchado la Palabra de Dios, vamos a reservarnos unos momentos para expresar nuestra oración y compromiso de vivir en la dinámica del amor.

• Podemos preparar en el centro de la sala un lugar con una Biblia abierta y una rosa, símbolo del amor.

• Escuchamos la canción *Amor sin límites,* que encontraremos en un disco de J. L. Perales (*Mis treinta mejores canciones. 1977-1994*). Durante unos instantes repetimos algunas de las frases de la canción que acabamos de oír, que recoge el texto de Pablo.

• Cuando todos hayan expresado su oración, cantamos juntos *Si me falta el amor* u otro canto que conozcan los miembros del grupo.

PARA PROFUNDIZAR

Los carismas en la Iglesia

El término "carisma", que proviene del griego y significa "gracia", "favor" o "don", se emplea con frecuencia en nuestro tiempo. Es una palabra que procede fundamentalmente del ámbito religioso y que, en nuestros días, ha pasado a formar parte del lenguaje profano. Viene a significar cualquier cualidad extraordinaria que tenga una persona. Hablamos, por ejemplo, de líderes carismáticos para referirnos a personas con capacidad de mover masas.

Los carismas en la iglesia de Corinto

Las cartas de Pablo nos hablan de numerosos carismas: tener sabiduría, ser profeta, realizar milagros, curar enfermedades, hablar lenguas... (Rom 12,6-8; 1 Cor 12,8-10.28-30; Ef 4,11). El apóstol afirma con energía que cada uno de los diferentes dones se deben a la actividad de un mismo y único Espíritu (1 Cor 12,4-11). A las comunidades nacientes el Espíritu les va regalando multitud de dones diferentes para que puedan crecer en el seguimiento de Jesús. Estos carismas existen y existirán siempre, y son signos de la vitalidad de la Iglesia. En algunos momentos o lugares especiales esta acción de Dios desbordará de una manera muy singular, como sucedió en el seno de las primeras comunidades cristianas o como ha ocurrido recientemente en la celebración del Concilio Vaticano II.

Los cristianos de Corinto tenían dificultades en utilizar debidamente los carismas. Muchos se enorgullecían de participar de los más espectaculares, por ejemplo del don de lenguas, llamado "glosolalia". Este carisma no consiste en hablar idiomas, sino en rezar en voz alta, bajo la inspiración del Espíritu, emitiendo unos sonidos que no comprendemos aunque puedan ser armoniosos. Este don gozaba de un aprecio excesivo en Corinto (1 Cor 14,1-25) y conducía a veces a desórdenes en las asambleas litúrgicas.

Pablo ha reflexionado sobre todo esto y enseña a los corintios que todos los carismas son complementarios, aunque entre ellos existe una cierta jerarquía (1 Cor 12,28-30). No hay superioridad de unos sobre otros; sin embargo, los dones más humildes son signo de Cristo, que se hizo servidor (1 Cor 12,24). Pero sobre todo insiste en que por encima de todos ellos hay un gran carisma: el amor. Esto indica que la caridad es el criterio con el que deben valorarse todos los demás dones.

Los carismas al servicio del amor

Los dones del Espíritu a su Iglesia tienen una finalidad y una manifestación comunitarias. Ésta fue una experiencia muy importante en la comunidad de Corinto. Pablo trata detenidamente el tema en 1 Cor 12-14, mostrando un equilibrio admirable. Algunos de estos dones parecen haberse desbordado. El problema se manifestó cuando los dones recibidos crearon conflictos en la comunidad (1 Cor 12,15-21) o cuando algunos empezaron a utilizar los carismas para el lucimiento personal y no contribuían a la edificación de la Iglesia (1 Cor 14,12). Pablo reacciona ante esta situación afirmando la importancia y validez de los carismas para la vida de la comunidad, pero aporta también claves de discernimiento siguiendo la consigna que él mismo había dado a los tesalonicenses en la primera de sus cartas: "No apaguéis el Espíritu; no menospreciéis los dones proféticos. Examinadlo todo y quedaos con lo bueno" (1 Tes 5,19-21). Los criterios para este discernimiento son fundamentalmente dos: el primero es si contribuyen a la unidad y a la edificación de la comunidad (1 Cor 12,5-7); el segundo, si están inspirados en el amor (1 Cor 13). La caridad ha de ser en última instancia la norma que guíe el comportamiento de los corintios en la recta utilización de los carismas.

Los carismas están al servicio del bien común

El carisma no es ni mucho menos el privilegio de uno solo, sino el don peculiar, dado a cada uno, para el bien de todos. El único Espíritu los distribuye a cada uno con vistas al bien de la comunidad. La multiplicidad de carismas supone una riqueza que hay que acoger y potenciar.

El bien común es la norma suprema en el recto uso de los carismas (1 Cor 14,12-19). Pablo emplea una bella imagen, la del cuerpo humano, para hablarnos de la unidad en la diversidad y para decirnos que todos los carismas están al servicio del bien de la comunidad. En el cuerpo hay muchos miembros diferentes, pero todos contribuyen a su bienestar. Lo mismo ocurre en la comunidad eclesial, cuerpo de Cristo, donde cada carisma ayuda a la vitalidad del conjunto. Los dones del Espíritu deben completarse y controlarse unos a otros, sabiendo que el regulador de todos debe ser la caridad (1 Cor 13,1-13).

Es cierto que Pablo intenta responder a las dificultades que se plantearon en la comunidad de Corinto, pero su reflexión teológica nos afecta a los cristianos de todos los tiempos. También hoy es importante que valoremos los dones propios que el Señor concede a cada uno de nosotros. Todos tienen su importancia, y es necesario que los acojamos y los potenciemos en los hermanos y hermanas. Pero, con Pablo, reconocemos que hay uno que es esencial y que supera a todos los demás: la caridad.

PARA PREPARAR EL PRÓXIMO ENCUENTRO

Para preparar nuestro próximo encuentro vamos a leer atentamente 1 Cor 15-16. En estos dos capítulos, Pablo explica algunas cosas acerca de la resurrección de los muertos y pone el punto final a la carta con diversas informaciones y saludos. Vamos a leer despacio estos capítulos intentando responder a la siguiente pregunta:

¿Qué imágenes utiliza Pablo para hablar de la resurrección de los muertos?

NOTAS

11 EL ENCUENTRO CON EL RESUCITADO

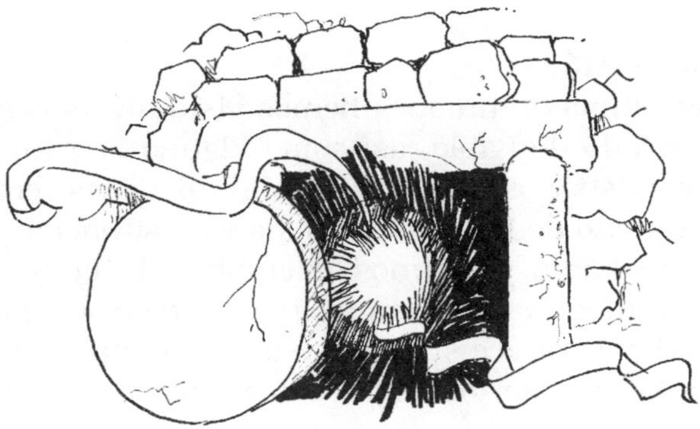

LECTURA CONTINUADA

Puesta en común sobre 1 Cor 15-16

En la sesión de hoy llegamos al final de la primera carta a los Corintios. Al leer el texto, nos habremos dado cuenta de que estos dos capítulos son muy diferentes al resto en cuanto a su temática. En el primero de ellos Pablo explica algunas cosas sobre la resurrección de los muertos. El segundo es la conclusión de la carta, con distintas informaciones, consejos y saludos de despedida.

Al leer este texto nos proponíamos responder a la siguiente pregunta: *¿Qué imágenes utiliza Pablo para hablar de la resurrección de los muertos?*

GUÍA DE LECTURA

"El Evangelio que os está salvando"

Antes de comenzar buscamos **1 Cor 15,1-11**

➤ **Ambientación**

En las últimas reuniones hemos visto diversos aspectos del apostolado de Pablo, así como algunas recomendaciones a los cristianos de Corinto sobre distintos temas concretos. El texto de hoy nos acerca a una situación de polémica entre Pablo y algunos miembros de la comunidad que tienen dificultades para aceptar la resurrección de los muertos. Pablo ofrece su testimonio y fundamenta la resurrección de los muertos en la de Jesucristo.

➤ **Miramos nuestra vida**

Cada año, en primavera, los cristianos celebramos la Semana Santa. Lo hacemos de forma más o menos emotiva. Para algunos son sólo unos días de descanso al final del trimestre. Otros los aprovechan para participar en las procesiones y en los diversos actos litúrgicos propios de estas fechas. Son muchas las tradiciones que en los distintos lugares se reviven en estos días.

– *¿Cómo sueles celebrar la Semana Santa?*

– *¿Qué lugar ocupa en estas celebraciones la resurrección de Jesucristo?*

➤ **Escuchamos la Palabra de Dios**

El texto que vamos a leer nos acerca a una tradición recibida y transmitida por Pablo a los corintios sobre la muerte y resurrección del Señor. El apóstol propone la experiencia de la Pascua de Jesús como el centro mismo del Evangelio.

• Guardamos un momento de silencio que nos prepare para acoger la Palabra de Dios.

• Una persona del grupo lee en voz alta 1 Cor 15,1-11.

• Volvemos a leer individualmente el texto. Para comprenderlo mejor, dedicamos un momento a repasar las notas de la Biblia.

• Entre todos, intentamos responder a estas preguntas:

– *¿Cuál es la Buena Noticia que Pablo ha anunciado a los corintios?*

– *¿Qué hechos de la vida de Cristo se recuerdan en estos versículos?*

– *¿A qué apariciones del Resucitado se refiere Pablo?*

– *¿Por qué crees que Pablo insiste tanto en las diversas apariciones de Cristo resucitado?*

➤ **Volvemos sobre nuestra vida**

El acontecimiento pascual está en el corazón de la fe de los primeros cristianos y, como tal, es el centro de la Buena Noticia. Hemos visto que Pablo habla del Evangelio no como de una teoría, sino como de una fuente de salvación para aquellos que lo reciben y viven en él. El encuentro con Jesús resucitado fue un momento decisivo en la vida de Pablo. Es importante que también nosotros nos preguntemos acerca de nuestra propia experiencia pascual y de nuestro encuentro personal con Cristo resucitado.

– *¿Qué significa para nosotros la resurrección de Jesús? ¿Es sólo una tradición venerable o constituye el centro de nuestra fe?*

– *¿La sentimos como el acontecimiento que nos está salvando?*

– *¿Cómo somos testigos ante el mundo de esa experiencia personal?*

➤ **Oramos**

El encuentro de Pablo con Cristo resucitado cambió profundamente su forma de creer en Dios, su esperanza y las actitudes de toda su vida. Vamos a terminar el encuentro de hoy expresando nuestra gratitud por la Buena Noticia que hemos recibido y renovando nuestro compromiso con el anuncio de este Evangelio de salvación.

• En una mesa podemos colocar la Biblia abierta y, a un lado, una imagen o tarjeta de Cristo resucitado.

• Brevemente y de forma espontánea, podemos compartir nuestros momentos de encuentro con el Señor. Damos gracias a Dios por ellos y por la vida eterna que nos ofrece. También podemos pedirle que nos ayude a ser testigos de su Evangelio.

• Terminamos cantando *Hoy el Señor resucitó*.

PARA PROFUNDIZAR

El encuentro con Cristo resucitado

¿Qué sucedió en la vida de Pablo para que el fanático perseguidor de los primeros cristianos se convirtiera en el más celoso de los apóstoles? (Gál 1,13-14).

La respuesta a esta pregunta se encuentra en diversos pasajes del Nuevo Testamento que hablan de su encuentro con el Resucitado. Este encuentro, que significaría la conversión del apóstol, se narra tres veces en Hechos de los Apóstoles (Hch 9,3-9; 22,6-10; 26,12-18). Pero hay otros muchos textos más antiguos, del mismo Pablo y de sus discípulos, que nos proporcionan detalles más precisos (Gál 1,12-16; 1 Cor 9,1; 1 Cor 15,8-11; 2 Cor 4,6; Flp 3,12). Leyéndolos con atención podemos comprender algo más del significado y del alcance en la vida de Pablo de esa experiencia del encuentro con el Señor.

Un encuentro: en el camino de Damasco

Pablo ha visto a Jesús, o Jesús se ha dejado ver por Pablo. Se trata de una experiencia real de encuentro con Cristo resucitado tras su pasión, muerte en la cruz y sepultura. No es sin más una "visión" del apóstol ni el instante de comunicación de diversos contenidos concretos. Se trata de un encuentro entre dos vivientes, una experiencia tan profunda para Pablo que le movería a cambiar toda su vida.

Los relatos de la conversión de Pablo en Hechos de los Apóstoles nos dejan la impresión de que se trató de una experiencia puntual y fulminante. Sin embargo, el relato que él mismo hace de su conversión en Gál 1-2 sugiere que este encuentro fue la consecuencia de un proceso más largo. Desde ese encuentro, de marcado carácter vocacional, Pablo comprende en su vida una clara llamada al seguimiento (Gál 1,15). Así, el descubrimiento del misterio pascual en toda su riqueza fue un proceso lento, en el que poco a poco Pablo fue descubriendo la profundidad del misterio salvador de Jesús.

Una revelación: nueva vida en Cristo

En ese encuentro se produce la revelación del sentido profundo de la persona y obra de Jesús como salvador definitivo. La revelación de Jesús le obliga a realizar una profunda transformación de la imagen que tenía de Dios. Comprender la pascua de Jesús obligó a Pablo a experimentar su personal pascua, su paso de una vida sometida a la ley, a la vida que encuentra desde la fe en Jesucristo. Toda la teología que expresa Pablo en sus cartas se comprende a la luz de este encuentro con el Resucitado.

La cruz fue, sin duda, uno de los elementos más importantes que llevaron a Pablo a descubrir el misterio del amor de Dios. El apóstol conoció a Cristo, que había muerto crucificado. Esta cruz, en la que antes sólo había visto una maldición de Dios, un signo evidente de que el Nazareno no podía ser el Mesías esperado, le abrió al misterio de amor que encerraba la entrega de Jesús por nosotros.

Por amor a nosotros Jesús se había hecho pobre. En la cruz de Jesús se habían manifestado el misterio del amor de Dios a los hombres y su plan de salvación para toda la humanidad. A la sombra de la cruz descubrió Pablo la diferencia entre el proyecto de la ley y el proyecto del Evangelio y decidió entregarse a éste por completo.

Pablo hizo propia la muerte y resurrección de Jesús (Gál 2,20: "me amó y se entregó por mí") y esto desarmó todo su andamiaje de hombre encerrado en la ley. Ahora todo su deseo consistirá en vivir unido a Cristo, identificándose con Él en todo: sus padecimientos, su muerte y su resurrección. El himno que encontramos en su carta a los Filipenses (Flp 2,6-11) resume magníficamente la visión del Crucificado que le hizo cambiar el libro de cuentas de su vida (Flp 3,7-11).

Una misión: apóstol de los gentiles

En el marco de esta experiencia pascual Pablo descubrió la llamada que Dios le hacía para que fuera apóstol de su Evangelio. En la pascua de Jesús se encontraba la entraña del auténtico acontecimiento liberador destinado a todas las gentes. Así, Pablo se dirigió primero a los judíos (Hch 13,5.14; 14,1) y más tarde a los gentiles (Gál 1,16; 2,9). Esto significó una nueva revolución en la primitiva iglesia.

El Resucitado sigue saliendo al encuentro de muchos hombres y mujeres de hoy. El camino de Damasco, el de Pablo, ha sido el de muchos cristianos apóstoles del Evangelio de Jesucristo que han encontrado al Señor en su historia personal, han visto transformadas sus vidas en radicalidad y se han propuesto anunciar la alegría del Evangelio a todas las gentes. El camino de Damasco es, en realidad, el camino de nuestra propia vida.

PARA PREPARAR EL PRÓXIMO ENCUENTRO

En nuestra próxima reunión comenzaremos a leer la segunda carta a los Corintios. Para prepararla leeremos 2 Cor 1,1-2,13 y 2 Cor 7,5-16. En estos textos se percibe la alegría de Pablo al perdonar a una comunidad que se había rebelado contra él por razones que conoceremos mejor en posteriores encuentros. Tratamos de contestar a la siguiente pregunta:

¿Dónde descubres palabras o expresiones que se refieran a la reconciliación alcanzada entre Pablo y los corintios?

12 PRUEBAS DE AMOR

LECTURA CONTINUADA

Puesta en común sobre 2 Cor 1,1-2,13 y 2 Cor 7,5-16

La segunda carta a los Corintios es, en realidad, el resultado de fusionar una serie de cartas que Pablo envió a la comunidad durante el tiempo que duró su enfrentamiento con ella. El problema es que el orden actual no corresponde al desarrollo histórico de los acontecimientos. Los capítulos que hemos leído para preparar esta reunión nos remiten al momento de la reconciliación y nos obligan, por tanto, a comenzar la historia por el final. A propósito de ello, la pregunta que teníamos que contestar para preparar nuestra reunión de hoy era: *¿Dónde descubres palabras o expresiones que se refieran a la reconciliación alcanzada entre Pablo y los corintios?*

GUÍA DE LECTURA

"Quien tiene vuestro perdón, tiene también el mío"

Antes de comenzar buscamos **2 Cor 2,1-11**

➤ Ambientación

Hoy empezamos a leer la segunda carta a los Corintios, que es, sin duda, uno de los escritos más personales de Pablo. En ella afloran los sentimientos de un hombre apasionado por la misión que Dios le había encomendado y queda patente la entrega de un apóstol de Jesucristo que no ahorró medio alguno para anunciar el Evangelio. La incomprensión que encontró dentro y fuera de sus comunidades no le impidió buscar la comunión. A pesar de los enfrentamientos y tensiones que tuvo que soportar, nunca renunció a ser un servidor de la reconciliación.

➤ Miramos nuestra vida

Todos sabemos lo mucho que nos cuesta perdonar a los que nos han ofendido. Hay conflictos que nos hacen romper para siempre con otras personas y hasta despiertan en nosotros deseos de venganza. A veces quedamos tan resentidos que somos incapaces de buscar el modo de reconciliarnos con quienes nos han tratado injustamente. Pensamos un poco en todo esto y dialogamos sobre estas preguntas:

– *¿Por qué crees que solemos tener tantas dificultades para reconciliarnos con los demás? ¿Cuáles son las ofensas que más te cuesta perdonar?*

– *¿Podrías contar alguna experiencia personal?*

➤ Escuchamos la Palabra de Dios

Pablo fue un hombre ardoroso que no dudó en enfrentarse a otros si de ello dependía la defensa de algo que el consideraba importante. Pero también fue un apóstol reconciliador que quiso construir la paz en medio de sus comunidades y supo perdonar a quien le había ofendido.

• Nos ponemos en disposición de escuchar la Palabra de Dios guardando un momento de silencio y pidiendo el auxilio del Espíritu Santo.

• Un miembro del grupo proclama en voz alta 2 Cor 2,1-11.

• Reflexionamos en silencio: leemos personalmente el pasaje y consultamos las notas de nuestra Biblia para que nos ayuden a entenderlo mejor.

• Respondemos entre todos a estas preguntas:

– *¿Con qué palabras se recuerda en el pasaje la ofensa recibida por Pablo en el pasado?*

– *¿Cómo ha reaccionado la comunidad ante este hecho?*

– *¿Y Pablo? ¿Con qué actitudes invita a tratar a su ofensor? ¿Por qué?*

– *¿Qué razones tiene para actuar de este modo?*

➤ Volvemos sobre nuestra vida

El perdón de las ofensas nunca es espontáneo, sino que exige de nosotros una verdadera identificación con Jesús. Pablo recorrió ese camino y con su actitud pacificadora recordó a sus comunidades que cristiano es aquel que renuncia a devolver mal por mal y, además, se esfuerza por reconciliarse con el hermano hasta el punto de ofrecerle "pruebas de amor".

– *¿Cuáles deberían ser, a la luz de este pasaje, las características del auténtico perdón?*

– *¿Piensas que en nuestras comunidades, en nuestras familias y en nuestro mundo se practica de verdad la reconciliación? ¿En qué podríamos colaborar a ello cada uno de nosotros?*

➤ Oramos

Dedicamos unos momentos a recoger en forma de oración lo que la meditación de la Palabra nos haya inspirado.

• Para ambientar esta plegaria cada uno puede escribir en un papel una ofensa recibida que en algún momento de su vida le haya resultado especialmente difícil perdonar.

• Durante unos momentos rezamos en silencio.

• Oramos comunitariamente. Luego juntamos los papeles y los quemamos para expresar nuestro compromiso de ser personas reconciliadoras. Mientras tanto rezamos el Padrenuestro, fijándonos sobre todo cuando decimos: "Perdona nuestras ofensas como nosotros perdonamos a los que nos ofenden".

• Podemos acabar cantando *Perdónanos nuestras culpas* u otro canto adecuado.

PARA PROFUNDIZAR

La correspondencia de Pablo con Corinto

Pablo fundó la comunidad cristiana de Corinto durante su segundo viaje misionero y, aunque no permaneció demasiado tiempo junto a ella, jamás se desentendió de la marcha de aquella iglesia que había alumbrado a la fe (Hch 18,1-18). Prueba de ello son las diversas visitas que él o sus colaboradores hicieron a la ciudad y la intensa relación epistolar que sostuvo con los corintios a lo largo de su tercer viaje, mientras residía en Éfeso (Hch 19).

¿Cuántas cartas escribió Pablo a los corintios?

Aunque el Nuevo Testamento sólo contiene dos epístolas dirigidas a la iglesia de Corinto, el mismo Pablo alude en ellas a otras cartas dirigidas a esa comunidad (1 Cor 5,9; 2 Cor 2,3-4.9; 7,8.12). Es probable que alguna de éstas se haya perdido, pero los biblistas opinan que la mayoría fueron recopiladas posteriormente para componer con ellas las actuales cartas a los Corintios.

El problema es que quienes realizaron esta labor no respetaron a veces el hilo de los acontecimientos. Eso explica que, al leerlas con atención, nos encontremos con faltas de lógica en el desarrollo del discurso, cambios de humor repentinos y saltos en el razonamiento, difíciles de comprender si no se acepta que lo que hoy en día aparece como una sola carta puede incluir en realidad una colección de ellas escritas en momentos y circunstancias muy diversas. Esto se verifica sobre todo en el caso de la segunda carta a los Corintios, como veremos a continuación.

La primera carta a los Corintios

Si bien los datos que podemos obtener por la correspondencia paulina y el libro de los Hechos de los Apóstoles son insuficientes y no permiten reconstruir con exactitud cómo se desarrollaron los acontecimientos, muchos piensan que tuvieron lugar más o menos del siguiente modo:

– En 1 Cor 5,9 Pablo menciona una carta suya que lógicamente hubo de ser redactada antes de la que nosotros llamamos primera carta a los Corintios. En ella el apóstol advertía a la comunidad sobre la necesidad de no mezclarse con los lujuriosos, por lo que algunos creen que parte de la misma se conserva en 2 Cor 6,14-7,1, aunque lo más probable es que esta primera carta no haya llegado hasta nosotros.

– En consecuencia, la primera carta a los Corintios es la segunda carta que Pablo escribió a los cristianos de Corinto. Su característica principal es la gran variedad de temas que se tocan en ella y la ausencia de un argumento común que la unifique. Esto hizo pensar a algunos que era un conglomerado de cartas originalmente independientes. Pero la disposición aparentemente caótica de la epístola puede explicarse de otra manera si pensamos que Pablo, ya de por sí poco sistemático en sus exposiciones, estaba respondiendo sobre la marcha a diversas consultas que los corintios le habían planteado a propósito de algunos problemas de la comunidad.

La segunda carta a los Corintios

Desgraciadamente, no parece que las advertencias del apóstol produjesen la conversión de actitudes que él esperaba. Por el contrario, la situación se agravó con la llegada de ciertos misioneros intrusos que pusieron en entredicho el ministerio apostólico de Pablo y lograron arrastrar tras de sí a una parte significativa de la comunidad. Timoteo, que se hallaba en Corinto como mediador, presenció esta especie de rebelión y regresó a Éfeso, donde informó al apóstol de la situación.

– Parece ser que en ese momento Pablo envió una tercera carta que estaría contenida en 2 Cor 2,14-7,4. En ella defendía la autenticidad de su apostolado frente a quienes lo ponían en duda.

– Mientras tanto, el apóstol decide ir de nuevo a Corinto para tratar de poner orden en la comunidad (2 Cor 13,2), pero allí fue gravemente ofendido y la visita resultó un fracaso, por lo que tuvo que regresar inmediatamente a Éfeso. Desde esta ciudad redacta, en medio de una gran congoja y disgusto por lo sucedido, la llamada "carta de las lágrimas" (2 Cor 2,1-5; 7,8-12) que muchos creen reconocer en 2 Cor 10-13.

– Afortunadamente, todo hace pensar que esta nueva carta, enviada por medio de Tito, ayudó a resolver el conflicto y facilitó el esperado acercamiento entre Pablo y los corintios. Informado del cambio de actitud, redacta otra comunicación que serviría para sancionar este nuevo orden de cosas y preparar así una tercera visita a la ciudad. Pasajes significativos de esta carta de reconciliación parecen encontrarse en 2 Cor 1,1-2,13 y 2 Cor 7,5-16.

– Finalmente, 2 Cor 8 y 2 Cor 9 formarían el núcleo de otros dos billetes enviados por Pablo a los corintios con el fin de animarles a concluir la colecta a favor de los pobres de la iglesia de Jerusalén. Tal petición habría resultado inútil si se hubiera cursado antes de producirse la reconciliación entre el apóstol y la comunidad.

Debemos concluir por tanto que las actuales cartas a los Corintios revelan la existencia de una correspondencia más amplia entre el apóstol Pablo y la iglesia de Corinto. Gracias a ella conocemos de primera mano las conflictivas relaciones que mantuvieron y podemos ser testigos de excepción del crecimiento y maduración de una comunidad cristiana nacida en un ambiente pagano durante los primeros años de la evangelización.

PARA PREPARAR EL PRÓXIMO ENCUENTRO

Para preparar el próximo encuentro leeremos 2 Cor 2,14-7,4. En esta sección, Pablo hace un verdadero elogio del ministerio apostólico y nos ayuda a comprender en qué consiste su misión evangelizadora. Intentaremos responder a estas preguntas:

¿Dónde utiliza Pablo en estos capítulos las palabras "ministro" o "ministerio"?
¿Qué expresiones usa en esos casos para definir las características de su apostolado?

NOTAS

13 FUERZA EN LA DEBILIDAD

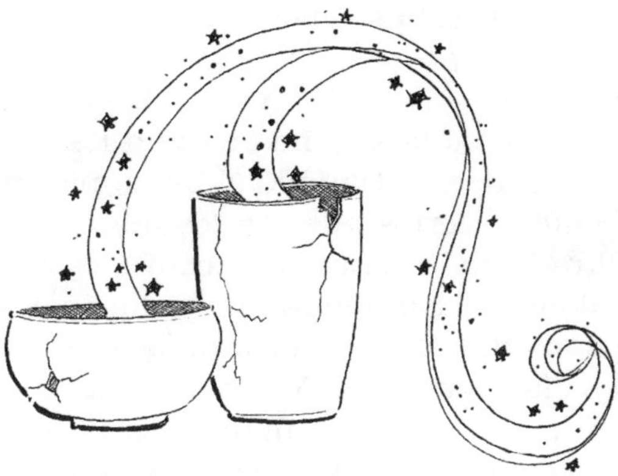

LECTURA CONTINUADA

Puesta en común sobre 2 Cor 2,14-7,4

Muchos estudiosos opinan que estos capítulos formaban el núcleo de una carta independiente que Pablo escribió a los corintios durante el verano del año 56 d.C. Parece ser que la carta enviada anteriormente, que es aquella que conocemos como la primera carta a los Corintios, no provocó en la comunidad la esperada conversión. Al contrario, una parte significativa de la misma se dejó embaucar por un grupo de "falsos apóstoles" que criticaban la misión paulina. A la vez que se defiende de sus adversarios, Pablo presenta su particular visión del ministerio apostólico. A propósito de esto, nos habíamos propuesto contestar a las siguientes preguntas: *¿Dónde utiliza Pablo en estos capítulos las palabras "ministro" o "ministerio"? ¿Qué expresiones usa en esos casos para definir las características de su apostolado?*

GUÍA DE LECTURA

"Este tesoro lo llevamos en vasijas de barro"

Antes de comenzar buscamos **2 Cor 4,7-15**

➤ Ambientación

La mayor parte de la segunda carta a los Corintios está dedicada a defender la legitimidad de la misión apostólica de Pablo frente a ciertos adversarios que la negaban y se habían infiltrado en la comunidad convenciendo a muchos de sus opiniones. Tuvo que ser muy duro para el apóstol tratar de persuadir de su error a quienes él mismo había engendrado a la fe cristiana. Y lo más curioso es que, mostrándose tan orgulloso de su ministerio, no tuviera inconveniente en reconocer humildemente su propia debilidad.

➤ Miramos nuestra vida

Todos tenemos experiencia de nuestra fragilidad. Las limitaciones personales o las dificultades que nos vienen de fuera nos acosan y hasta se diría que a veces logran derrotarnos. Cuando menos lo esperamos, nos fallan las fuerzas y nos vemos incapaces de llevar a cabo tareas o proyectos que nos ilusionan o que consideramos útiles y valiosos.

– *¿En qué momentos de tu vida te has sentido débil o incapaz de llevar adelante algo que para ti era importante? ¿Te acobardaste o supiste encontrar el coraje para conseguir lo que te proponías?*

➤ Escuchamos la Palabra de Dios

También Pablo reconocía su debilidad. Sabía que el don infinitamente valioso de su ministerio estaba en manos de un hombre frágil y acorralado por muchas tribulaciones. Pero eso no le desalentaba, pues confiaba en que así quedaría patente que la fuerza que le sostenía sólo podía venir de Dios.

• Nos abrimos a la Palabra guardando un momento de silencio y pidiendo el auxilio del Espíritu Santo.

• Un miembro del grupo proclama en voz alta 2 Cor 4,7-15.

• Reflexionamos personalmente: leemos nuevamente el pasaje y consultamos las notas de nuestra Biblia para entenderlo mejor.

• Respondemos entre todos a estas preguntas:

– *¿Qué imagen utiliza Pablo para hablar de su debilidad?*

– *¿Implica la fragilidad del apóstol el fracaso de su misión? ¿Por qué?*

– *¿Qué fuerza sostiene a Pablo en su tarea? ¿Cómo se manifiesta?*

– *¿Qué sentido da el apóstol a las dificultades que experimenta? ¿Con qué actitud y con qué convencimiento se enfrenta a ellas y las supera?*

➤ **Volvemos sobre nuestra vida**

Si Pablo tiene razón, los creyentes no contamos sólo con nuestra fragilidad a la hora de vivir según el Evangelio. Sabemos que el Señor nos ha entregado un don precioso y que no siempre le respondemos con coherencia. Pero eso no ha de hacernos perder la confianza. Nuestras limitaciones no pueden ser una excusa para desanimarnos. Seguro que hemos experimentado alguna vez cómo la fuerza de Dios nos ayuda a dar testimonio a pesar de nuestra debilidad. Hagamos memoria agradecida de nuestra vida y respondamos a estas preguntas:

– *¿En qué ocasiones has sentido que la fuerza de Dios era mayor que tu propia debilidad?*

– *¿Cómo asumes tus limitaciones y las de los otros en el seguimiento de Jesús? ¿De qué manera te ayudan estas palabras de Pablo a confiar en medio de tu fragilidad?*

➤ **Oramos**

Concluimos nuestro encuentro con un momento de oración. Damos gracias a Dios porque nos entrega el "tesoro" del Evangelio y le pedimos que nunca nos abandone la confianza de que su fuerza puede más que nuestra debilidad.

• Para ambientar nuestra plegaria podemos colocar en medio de la sala una vasija de barro.
• Oramos personalmente.
• Expresamos nuestra oración comunitariamente.
• Acabamos cantando *Vaso nuevo* o recitando el salmo 62 (61): "Sólo en Dios encuentro descanso".

PARA PROFUNDIZAR

El ministerio apostólico de Pablo

La segunda carta a los Corintios es uno de los escritos de Pablo que más nos ayuda a conocer su vocación misionera y evangelizadora. La mayoría de sus páginas están dedicadas a profundizar en lo que significa ser apóstol, con sus luces, sus sombras, sus responsabilidades, sus dificultades, sus riesgos y sus compensaciones. Viene a ser de este modo un pequeño tratado sobre el ministerio apostólico, dictado al hilo de la propia experiencia más que de la reflexión teórica y abstracta.

Pablo, un apóstol cuestionado

Pablo tuvo que enfrentarse a quienes le negaban el título de apóstol y discutían su autoridad sobre las comunidades que había fundado. Las razones en que se apoyaban no eran de poco peso. Le reprochaban el no haber convivido con Jesús durante su vida terrena y le echaban en cara que no había sido testigo de las apariciones del Resucitado junto a los Doce (1 Cor 9,1-2; 15,8). Si anunciaba el Evangelio, decían, lo hacía por libre. Ni Cristo ni los apóstoles de Jerusalén lo habían enviado ni aprobaban su misión (Gál 1,17; 2,9).

En la segunda carta a los Corintios estas acusaciones pueden deducirse de lo que dice al defenderse de ellas. Le criticaban, entre otras cosas, por su falta de elocuencia y de sólidos conocimientos (2 Cor 11,6); por su timidez y debilidad (2 Cor 10,10-11); por no dejarse ayudar económicamente como era costumbre (2 Cor 12,13) y, también, por sus vacilaciones a la hora de cumplir con los planes apostólicos que previamente había decidido realizar (2 Cor 1,15-18).

El perfil del verdadero ministro del Evangelio

Pablo sabía que su apostolado era, en cierto modo, atípico (1 Cor 15,8), pero no se deja impresionar por sus acusadores. Más bien pasa al ataque acusándoles de proceder con artimañas y traficar con la Palabra de Dios. Al llamarlos "falsos apóstoles" (2 Cor 11,13), invita a los corintios a fijarse en el testimonio de su vida para descubrir en él las características del verdadero apostolado. De la defensa apasionada que él hace de su ministerio en la segunda carta a los Corintios entresacamos las siguientes:

– *Don de Dios:* el ministerio apostólico es un encargo que se recibe de Dios y que nadie puede desempeñar por propia iniciativa. Pablo se presenta como "apóstol de Jesucristo" (2 Cor 1,1) y se siente muy orgulloso de su misión porque sabe que ha sido el Señor quien le ha escogido y le ha capacitado para ser testigo del Evangelio (2 Cor 4,1).

– *Al servicio de la Nueva Alianza:* Pablo se define como "ministro de una alianza nueva" (2 Cor 3,6). Esta nueva alianza no está basada como la antigua en la letra de la ley de Moisés, sino en la fuerza del Espíritu, que penetra en los corazones de carne y es el único capaz de dar la vida y la salvación (Jr 31,31-34).

– *Alentado por el Espíritu:* Pablo se siente penetrado por el Espíritu Santo (2 Cor 6,6). Sólo el Espíritu del Señor resucitado confiere al apóstol la libertad para anunciar la Palabra (2 Cor 3,17) y la capacidad de convertir los corazones a la Nueva Alianza (2 Cor 3,3-4.18). Por eso el ministerio apostólico manifiesta la acción del Espíritu (2 Cor 3,8; 11,4).

– *Ministerio de la reconciliación:* con esta preciosa expresión Pablo afirma que su misión está destinada a mediar entre Dios y la humanidad para reconstruir unas relaciones pacíficas rotas por el pecado. El apóstol es un "embajador" que debe llevar este mensaje a hombres y mujeres para que no pongan obstáculos a la reconciliación que el Señor les ofrece (2 Cor 5,18-21).

– *Colaborando con Dios:* Pablo se siente un "colaborador" de Dios (2 Cor 6,1) y no quiere convertirse en un obstáculo para su acción. Por eso desea dar ejemplo y procura comportarse en todo momento como un "ministro de Dios" (2 Cor 6,3-4). Las actitudes que han sostenido su tarea han sido, entre otras, el deseo de servir a la comunidad, la solicitud por todas las iglesias, la confianza, la paciencia, la capacidad de aguantar el sufrimiento, la verdad, la bondad, el amor sincero y, sobre todo, la audacia y la libertad para extender por todas partes la Buena Noticia.

Un ministerio que se ejerce en la debilidad

Frente a quienes se tenían por "superapóstoles" (2 Cor 12,11), Pablo no tiene inconveniente en dejar al descubierto sus debilidades y limitaciones. Al contrario, presume de ellas con una libertad sorprendente (2 Cor 11,30; 12,5.9-10), pues está convencido de que es en la fragilidad donde se manifiesta la potencia de Dios que da fecundidad a la misión. El éxito apostólico no depende de las cualidades o la competencia de los ministros, que son en definitiva hombres quebradizos, acosados por muchas tribulaciones y flaquezas, sino de la fuerza extraordinaria con la que el Señor empuja el avance del Evangelio para que nadie pueda vanagloriarse de sí mismo.

Los sufrimientos padecidos en el ejercicio de la misión son el sello que da autenticidad a todo apostolado (2 Cor 11,23-29). A diferencia de aquellos que son "enemigos de la cruz de Cristo" (Flp 3,18), Pablo vive su ministerio identificado con el Señor crucificado, a sabiendas de que si ahora experimenta en su persona la muerte de Jesús, también su vida se manifestará en él. La esperanza de participar en la resurrección es la fuente que llena al apóstol de confianza y le invita a seguir en la misión sin desanimarse (2 Cor 4, 7-15).

PARA PREPARAR EL PRÓXIMO ENCUENTRO

Para preparar el próximo encuentro vamos a leer 2 Cor 8-9. En estos capítulos se habla de una colecta organizada entre las comunidades paulinas para socorrer a los hermanos necesitados de la iglesia de Jerusalén. Curiosamente, en ellos no se usa nunca el término "colecta" para referirse a ella. Por eso, al leerlos vamos a tratar de averiguar:

¿Con qué palabras y expresiones se denomina a la colecta en estos capítulos?

NOTAS

14 SOLIDARIDAD ENTRE HERMANOS

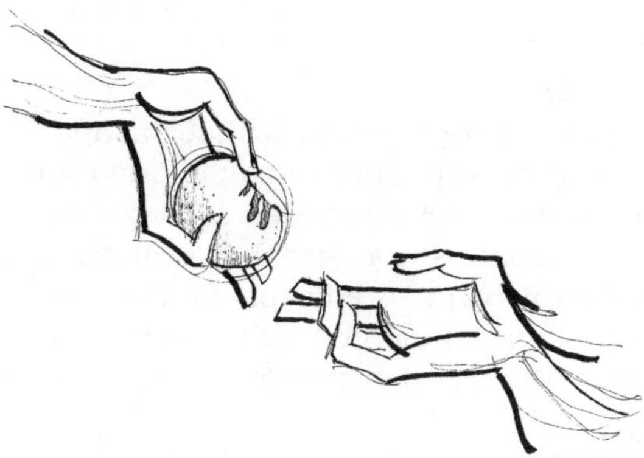

LECTURA CONTINUADA

Puesta en común sobre 2 Cor 8-9

Estos dos capítulos se asemejan tanto en su contenido que no parece lógico que hayan sido escritos en una misma ocasión. Seguramente se trata de dos billetes que Pablo envió por separado a los corintios para animarles a finalizar la colecta a favor de la iglesia de Jerusalén. Una colecta que ellos mismos habían proyectado e iniciado tiempo atrás.

Pero si no andamos sobre aviso, podría resultarnos difícil reconocer que aquí se habla precisamente de una colecta, puesto que Pablo nunca usa ese término para referirse a ella. Por eso nos habíamos propuesto contestar a la siguiente pregunta: *¿Con qué palabras y expresiones se denomina a la colecta en estos capítulos?*

GUÍA DE LECTURA

"De este modo reinará la igualdad"

Antes de comenzar buscamos **2 Cor 8,1-15**

➤ Ambientación

Nuestra última reunión nos brindó la oportunidad de acercarnos al ministerio apostólico de Pablo a través de la defensa que él hace del mismo en la segunda carta a los Corintios. Hoy veremos que su labor evangelizadora no se realizaba sólo mientras predicaba la Palabra o fundaba comunidades, sino también cuando buscaba recursos económicos para paliar las desigualdades entre los creyentes.

➤ Miramos nuestra vida

En todos los países del llamado Primer Mundo existen organizaciones de cristianos dedicadas a fomentar la solidaridad con las iglesias más necesitadas. Y si miramos más de cerca, seguro que en muchas de nuestras comunidades y parroquias se organizan campañas o colectas misioneras para tratar de paliar las desigualdades que afectan a muchos hermanos y hermanas nuestros.

– *¿Qué opinas sobre estas campañas de solidaridad? ¿Crees que sirven para algo? ¿Con qué actitud colaboras en ellas?*

➤ Escuchamos la Palabra de Dios

La preocupación por estimular la comunión de bienes entre cristianos y ayudar económicamente a las comunidades más desfavorecidas estuvo muy presente en el ministerio apostólico de Pablo. Tanto es así que dedicó muchos esfuerzos a organizar una gran colecta entre las iglesias que él había fundado para ayudar a los pobres de Jerusalén.

• Nos preparamos para escuchar la Palabra de Dios guardando un momento de silencio e invocando la asistencia del Espíritu Santo.

• Un miembro del grupo proclama en voz alta 2 Cor 8,1-15.

• Reflexionamos personalmente: cada uno vuelve a leer el pasaje y consulta las notas de su Biblia para que le ayuden a entenderlo mejor.

• Respondemos entre todos a estas preguntas:

– *¿A quién encargó Pablo llevar a cabo la colecta en Corinto?*

– *¿Con qué argumentos motiva el apóstol la participación de los corintios en la colecta?*

– *¿Qué les dice sobre la generosidad de las iglesias de Macedonia? ¿Y sobre la generosidad de Cristo?*

– *¿Con qué criterios se ha de realizar la colecta? ¿Qué frutos debe producir?*

➤ Volvemos sobre nuestra vida

Después de ver cómo las primeras comunidades compartían generosamente sus bienes, tendríamos que reflexionar sobre nuestra manera de ayudar a las iglesias más necesitadas. Quizá pensemos que la ayuda material es suficiente o nos sintamos satisfechos por haber compartido algo de lo que nos sobra. Pero seguramente nos olvidamos de que la comunión de bienes entre cristianos significa más que todo eso.

– *¿De qué manera te han iluminado las palabras de Pablo para entender lo que significa compartir los bienes entre cristianos?*

– *¿Crees que nuestra solidaridad con las iglesias más pobres debe reducirse al aspecto económico? ¿Qué otros bienes deberíamos compartir con ellas para que nuestra fraternidad fuese auténtica?*

➤ Oramos

Recogemos en forma de oración lo que la lectura y meditación de este pasaje han provocado dentro de cada uno de nosotros.

• Para ambientar nuestra plegaria, podemos poner en medio de la sala unas cuantas monedas como símbolo de los bienes que queremos compartir con los hermanos más necesitados.

- Oramos personalmente.
- Expresamos nuestra plegaria comunitariamente.
- Podemos acabar cantando *Cuando el pobre nada tiene* o recitando el salmo 112 (111): "Dichoso el que honra al Señor".

PARA PROFUNDIZAR

La colecta: solidaridad y comunión

Cuando el libro de los Hechos de los Apóstoles presenta el ideal de la vida cristiana, insiste particularmente en la necesidad de compartir los bienes (Hch 2,44-45; 4,32-36) y aporta una serie de ejemplos concretos en los que queda patente la preocupación de las iglesias por sus miembros más desamparados (Hch 6,1-7; 11, 27-30). A pesar de las deficiencias con las que este ideal se puso en práctica (Hch 5,1-11), la solidaridad entre hermanos fue sin duda uno de los rasgos más característicos de las primeras comunidades.

Las cartas de Pablo también ofrecen un precioso testimonio de este deseo de comunión fraterna y de las iniciativas que las comunidades paulinas pusieron en marcha para tratar de socorrer a otras iglesias más necesitadas. Entre ellas destaca la colecta organizada para ayudar a los pobres de Jerusalén.

La colecta es una tarea apostólica

Pablo se tomó tan en serio este proyecto que no deja de hablar de él en ninguna de sus cartas más importantes (Rom 15,25-27; 1 Cor 16,1-4; 2 Cor 8-9; Gál 2,10). Sus palabras revelan que siempre consideró la colecta como uno de sus trabajos apostólicos (Rom 15,28). Debe de ser por eso que cuando habla de ella lo hace usando la palabra griega *diakonía*, que significa "servicio", la misma que utiliza en otros lugares para referirse a su propio ministerio. Y es que Pablo tuvo siempre muy claro que su tarea evangelizadora no incluía sólo la predicación de la Palabra o la organización de las comunidades, sino también la atención concreta a sus necesidades de todo tipo, incluidas las económicas.

La colecta es un gesto de solidaridad con los pobres

La situación en que vivía la comunidad de Jerusalén era muy precaria. La exclusión social y el boicot económico a que fueron sometidos sus miembros por parte del resto de los judíos trajeron consigo penosas consecuencias, de modo que muchos hermanos se veían obligados a malvivir al borde de la miseria.

Ante este hecho, Pablo reacciona con gran creatividad y acepta la responsabilidad de buscar recursos para paliar en lo posible esta situación. Su gesto solidario está movido por el deseo de que reine la igualdad entre los creyentes (2 Cor 8,13-14) y pueda hacerse realidad la utopía recogida en la Escritura: "No había entre ellos necesitados" (Dt 15,4; Hch 4,34). No comparte sus bienes el que da limosna de lo que le sobra, sino el que desea que desaparezcan las diferencias escandalosas entre ricos y pobres.

La colecta es un signo de comunión entre hermanos

Pero la comunidad de Jerusalén era ante todo la iglesia madre desde la que el cristianismo se había extendido por el mundo entonces conocido. Pablo no lo olvidó nunca, y por eso consideró que la colecta era una manera de saldar la deuda que los creyentes de origen pagano tenían con los hermanos de Judea, reconociendo y agradeciendo de este modo el enorme caudal de bienes espirituales que de ella habían recibido, a pesar de su pobreza material (Rom 15,28).

De este modo, Pablo deseaba estrechar los lazos de fraternidad con aquellas iglesias que habían tenido tantas dificultades para aceptar su misión entre los no judíos (Gál 2,1-10). No es extraño que el apóstol mostrase tan grandes deseos de que los responsables de la iglesia de Jerusalén aceptasen su contribución económica (Rom 15,30-31). Lo contrario habría supuesto una ruptura de relaciones y un rechazo de su ministerio apostólico. Por eso la colecta significaba para él mucho más que prestar una ayuda monetaria a los hermanos necesitados. Compartir los bienes materiales era, entonces como ahora, un modo de expresar visiblemente la comunión de bienes espirituales que nacen de la misma fe y hace que los creyentes puedan permanecer unidos en un solo cuerpo, con un solo corazón y una sola alma, más allá de las tensiones que llevan consigo la vida común y la pluralidad de tendencias y espiritualidades.

PARA PREPARAR EL PRÓXIMO ENCUENTRO

Para preparar nuestro próximo encuentro leeremos 2 Cor 10-13. En estos capítulos Pablo se enfrenta duramente con quienes dificultaban su tarea evangelizadora en la comunidad de Corinto. Fijémonos con atención y tratemos de responder a esta pregunta:

¿De qué acusa Pablo a sus adversarios en esta parte de la carta?

15 TRABAJOS Y FATIGAS POR EL EVANGELIO

LECTURA CONTINUADA

Puesta en común sobre 2 Cor 10-13

Los capítulos que hemos leído reflejan un clima de fuerte tensión entre Pablo y los corintios. Muchos estudiosos identifican estas líneas con la carta escrita "en medio de muchas lágrimas" de la que se habla en 2 Cor 2,1-9 y 2 Cor 7,8-12. Esta carta pudo ser redactada a principios del año 57 d.C., después de la visita que el apóstol hizo a Corinto para tratar de solucionar los problemas que sus contrincantes estaban provocando en aquella iglesia. Al no conseguir su objetivo, escribe a su comunidad quejándose amargamente, porque se han dejado engañar por los "falsos apóstoles" que intentaban echar por tierra su labor evangelizadora.

Aunque no resulta fácil identificar a este grupo de opositores, podemos saber algunas cosas sobre ellos gracias a las críticas que el apóstol les dirige. Por eso nos habíamos propuesto contestar a la siguiente pregunta: *¿De qué acusa Pablo a sus adversarios en esta parte de la carta?*

GUÍA DE LECTURA

"Peligros en la ciudad, en despoblado, en el mar..."

Antes de comenzar buscamos **2 Cor 11,16-33**

➤ Ambientación

Hace un par de sesiones, vimos cómo Pablo intentaba persuadir a los corintios de la legitimidad de su ministerio apostólico. Lo hacía obligado por un grupo de opositores que se habían infiltrado en la comunidad y querían dar al traste con su obra. Pero a pesar de sus esfuerzos, no logra convencerlos de su error. Por eso tiene que volver a la carga para hacerles ver que están siendo engañados por quienes alardean de ser lo que no son.

➤ Miramos nuestra vida

Parece que no están los tiempos para presumir abiertamente de ser seguidores de Jesús. No es raro oír entre nosotros quejas y lamentos por vivir en un mundo que parece olvidarse de Dios e ignora todo lo que tiene que ver con la religión. Pensamos que hay que tener muchas agallas para ser cristiano en una sociedad que nos da la espalda y hasta nos ridiculiza. Reflexionamos sobre ello y dialogamos sobre estas preguntas:

– *¿Qué contrariedades experimentamos por ser testigos de Jesús? ¿De dónde o de quién proceden?*

➤ Escuchamos la Palabra de Dios

Tampoco Pablo lo tuvo fácil a la hora de llevar adelante su misión. La lista de "trabajos y fatigas" sufridos a causa del Evangelio que vamos a escuchar de sus labios es impresionante y nos habla de una vida absolutamente entregada a la causa de Jesús.

• Nos disponemos a escuchar la Palabra de Dios. Guardamos un momento de silencio e invocamos la ayuda del Espíritu Santo.

• Un miembro del grupo proclama en voz alta 2 Cor 11,16-33.

• Reflexionamos personalmente: volvemos a leer el pasaje y consultamos las notas de nuestra Biblia para entenderlo mejor.

• Respondemos entre todos a estas preguntas:

– *¿Por qué Pablo se ve obligado a "presumir" aunque no quiera?*

– *¿De qué presume? ¿Ante quién lo hace?*

– *¿De qué acusa Pablo a los corintios en este pasaje?*

– *¿En qué cosas se compara con sus adversarios?*

– *¿Qué "trabajos y fatigas" ha soportado durante su ministerio? Enumeradlos a partir de lo que dice el texto.*

➤ Volvemos sobre nuestra vida

Después de escuchar a Pablo, seguramente nos habremos sentido avergonzados. Quizá habíamos exagerado un tanto a la hora de lamentarnos por los inconvenientes que nos supone ser testigos de Cristo. A lo mejor, hasta nos hemos dado cuenta de que, en realidad, nuestro compromiso cristiano es tan llevadero que apenas nos causa complicaciones dignas de mencionar.

– *¿Hasta qué punto podemos "presumir" de ser testigos de Jesús en medio de nuestra sociedad? ¿No será que vivimos un cristianismo tan descafeinado que apenas debemos pagar por ello ningún precio?*

– *¿Crees que si fuésemos más coherentes con nuestra fe tendríamos que enfrentarnos a más contrariedades? ¿Cuáles?*

➤ Oramos

Expresamos en forma de oración aquello que la lectura y meditación de este pasaje nos hayan sugerido. Rezamos por los que sufren persecución por el Evangelio y también para que nuestro testimonio cristiano sea cada día más fiel y más coherente.

• Para ambientar nuestro encuentro con el Señor podemos colocar junto a una cruz el nombre de algunos testigos del Evangelio que han entregado su vida a la causa de Jesús.

• Durante unos momentos oramos en silencio.

• Expresamos nuestra oración comunitariamente.

• Podemos acabar cantando *¿Quién nos separará del amor de Dios?* o recitando el salmo 124 (123): "Si el Señor no hubiera estado de nuestra parte".

PARA PROFUNDIZAR

¿Cómo evangelizaba Pablo?

Ni las cartas de Pablo ni su vida pueden entenderse sin conocer su pasión evangelizadora. El deseo de dar a conocer el Evangelio fue un impulso irresistible, que le llevó a recorrer miles de kilómetros por tierra y por mar. Fue una pasión sin fronteras, gracias a la cual la buena noticia de Jesús llegó hasta los confines del mundo.

Ya no hay distinción entre judío o no judío

La característica más notable de la misión paulina es, sin duda, su universalidad. Pablo entendió que la fe en Cristo Jesús no tenía nada que ver con la raza, la condición social o el sexo de las personas (Gál 3,28). Por eso luchó para que en sus comunidades pudiesen convivir en paz judíos y griegos, libres y esclavos, varones y mujeres. Todo ello fue causa de no pocos conflictos con otros misioneros judeocristianos, pero él nunca cejó en su empeño de eliminar las trabas que impedían integrar en la Iglesia a personas diferentes y hasta enfrentadas en la sociedad de entonces.

Por encima de todo, Pablo deseaba que sus comunidades asimilasen los valores evangélicos y diesen signos de identidad cristiana, pero se negó a convertirlas en sectas o grupos aislados del resto del mundo. Trabajó en cambio por mantenerlas abiertas al mayor número posible de personas y no esperó a que los paganos viniesen a tocar a sus puertas, sino que fue a su encuentro. Desplegó así una impresionante actividad misionera y trató de poner los medios a su alcance para evitar que la conversión de los gentiles chocase con obstáculos que dificultasen innecesariamente su integración en la sociedad. No en vano su mejor tarjeta de presentación fue siempre la de ser "apóstol de los paganos" (Rom 11,13).

He tratado de adaptarme lo más posible a todos

Pablo sabía que las circunstancias culturales y sociales en las que llevó a cabo su labor evangelizadora diferían mucho de aquellas en las que vivían las comunidades de Palestina. Sin renunciar a lo esencial, supo ser flexible y creativo a la hora de encarnar el mensaje del Evangelio en la cultura helenística. Su gran acierto consistió en adaptar su estrategia misionera para que el seguimiento de Jesús también fuese posible en este nuevo contexto (1 Cor 9,19-23). Esta capacidad de acomodarse a las posibilidades del momento histórico explica en gran parte la enorme influencia de su acción misionera y el éxito social que tuvo el modelo de cristianismo que proponía. Pablo fue un misionero realista que se adaptó a las circunstancias y supo aprovechar lo que le ofrecía el mundo que le rodeaba. Como ejemplos de su atinada táctica apostólica tenemos los siguientes:

– *Aprovechó las posibilidades que entonces ofrecían las ciudades.* Pablo fundó sus comunidades en ambientes urbanos, y especialmente en aquellas metrópolis que eran capitales de provincia o constituían importantes nudos de comunicación. No consta que se aventurase en zonas rurales, seguramente porque confiaba en que las mismas iglesias locales serían focos de irradiación del cristianismo en su área de influencia. En torno a ellas se configuró un cristianismo sedentario, organizado en pequeñas comunidades, fuertemente influenciadas por la cultura grecorromana y en las que convivían personas de muy diferente condición económica y social.

– *Estructuró las comunidades cristianas en torno a las casas.* Las cartas de Pablo revelan que una de sus principales preocupaciones al llegar a una ciudad era buscar una "casa" que pudiese ser el primer núcleo de la comunidad cristiana en ese lugar. No nos referimos tanto a la construcción material, sino al grupo humano que estaba bajo la autoridad del *paterfamilias* e incluía a la mujer, a los hijos y a los siervos. En torno a estas iglesias domésticas fue organizándose un cristianismo popular y nada elitista, donde las relaciones humanas eran posibles, cálidas y cercanas, aunque con el tiempo tendiesen a reproducir la estructura patriarcal y machista que se daba en las familias de entonces.

Nos fatigamos trabajando con nuestras propias manos

Uno de los rasgos más notables del ministerio paulino fue la gratuidad. Salvo en casos excepcionales, Pablo quiso vivir de su trabajo profesional y no aceptó ser mantenido por sus comunidades (1 Cor 4,12; 9,1-18; 2 Cor 11,27; 12,13; 1 Tes 2,9; 2 Tes 3,8-9). Lo hizo para no resultar gravoso ni perder su libertad. No quería dar la impresión de moverse por interés (2 Cor 12,14) o de traficar con la Palabra de Dios (2 Cor 2,17).

Hay que advertir, además, que el trabajo manual no estaba bien considerado en el mundo grecorromano. Al ganarse el sustento de este modo, Pablo se rebajaba socialmente y se ponía al nivel de los esclavos. Aunque tenía derecho como apóstol a ser mantenido por sus comunidades, renunció libremente a él (1 Cor 9,19.22). Lo hizo para ser coherente y no contradecir con su estilo de vida el Evangelio que anunciaba (1 Cor 9,12). Con su testimonio de laboriosidad ofreció un signo visible de que el Crucificado sólo puede ser predicado desde la debilidad (1 Cor 2,1-5).

El ejemplo de Pablo nos interpela: ¿seremos también nosotros capaces de usar los medios y estrategias más adecuados para anunciar el Evangelio en esta época, en la que se abren tantas posibilidades a la comunicación y en la que hay tantas preguntas por el sentido de la vida?

ÍNDICE

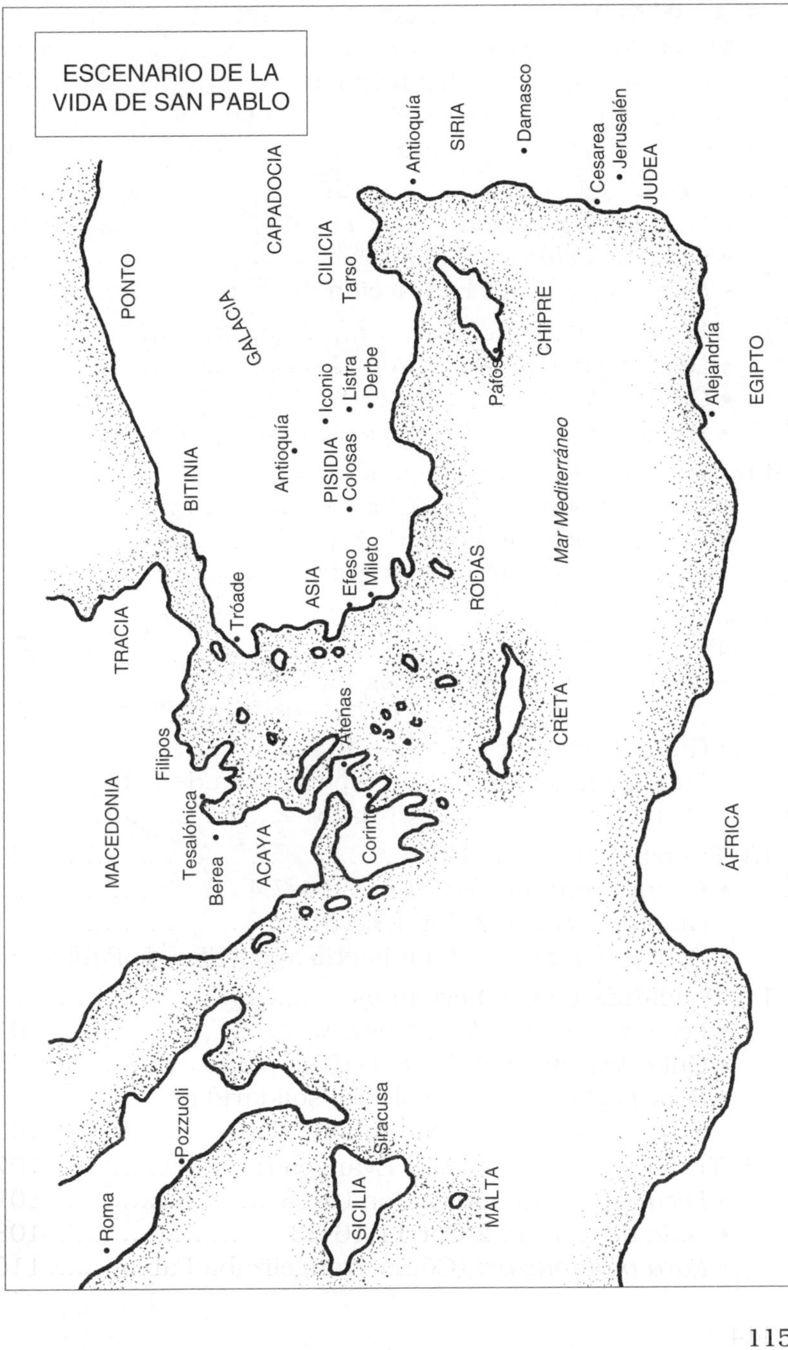
ESCENARIO DE LA VIDA DE SAN PABLO
PONTO
CAPADOCIA
GALACIA
CILICIA
Tarso
Antioquía
SIRIA
Damasco
Cesarea
Jerusalén
JUDEA
BITINIA
Antioquía
PISIDIA
Iconio
Listra
Derbe
Colosas
CHIPRE
Pafos
Alejandría
EGIPTO
Mar Mediterráneo
TRACIA
Tróade
ASIA
Efeso
Mileto
RODAS
CRETA
MACEDONIA
Filipos
Tesalónica
Berea
ACAYA
Atenas
Corinto
ÁFRICA
Roma
Pozzuoli
Siracusa
SICILIA
MALTA

NOTAS

NOTAS

NOTAS

NOTAS